AF578065

Gaëdig ou l’héritage du nom

Armelle Renaux-Lefebvre

Gaëdig ou l'héritage du nom

ISBN : 979-10-377-7543-6

À Juliette, ma fille ; à Pétula, mon amie,
et à Emmanuel, mon époux.

Je remercie mes amies françaises et italiennes, et en particulier Virginie ainsi que Sonia, pour leurs encouragements et leur soutien. Sans vous, mon manuscrit aurait rejoint les autres au fond d'un tiroir ou serait à la poubelle.
Merci à Larissa, des éditions le Lys Bleu, pour sa patience et ses conseils.

Tous les personnages de la famille de Gaëdig ont existé. Les évènements ainsi que les dates sont réels et ont été vérifiés.

Cette histoire est celle d'une petite Bretonne née à Trédrez, en 1816, à une époque où on ne doit vivre que selon les principes dictés par la religion et les lois écrites par des hommes. Pendant la Révolution française, les femmes ont obtenu des droits. Une relative égalité avec les hommes leur a été accordée. Cependant, en 1804, le code Napoléon les renvoie à leur statut de femme sous tutelle du père, puis du mari.

L'adultère de la femme est jugé très sévèrement, alors que l'homme a tous les droits. Les enfants naturels n'ont aucun droit, de même que les filles-mères.

L'héroïne est une petite fleur qui tient tête à tous pour garder son fils et l'homme qu'elle aime sans perdre sa dignité. Pour elle, la morale n'est pas celle imposée par la société ni par Dieu, mais celle régie par l'amour.

Dans le 19e siècle qui la voit naître et vieillir, Gaëdig est un exemple de volonté et de droiture pour certains, et un affront aux bonnes mœurs pour d'autres.

De Trédrez à Saint-Michel-en-Grève, et jusqu'à Dinard, en passant par Plufur et Loguivy-Plougras, Gaëdig suivra une route difficile et éprouvante aux côtés de son époux tant aimé et de ses enfants.

Marguerite Le Dret a donné son nom à son fils aîné, Guillaume, né de ses amours interdites, avec celui qui deviendra son second mari. Mon grand-père racontait, non sans humour, que son véritable nom était « Le Dret dit Kerloc'h de la vallée des Singes » et non pas Le Dret tout court. L'histoire de Gaëdig a donné naissance à cette légende dont l'explication n'avait jamais été donnée jusqu'à maintenant.

Première partie
Une enfance bretonne :
Trédrez, août 1816, « l'année sans été »
Octobre 1820

Quelle chaleur ! mais quelle chaleur ! Ma Doué, elle n'a pas eu aussi chaud depuis la Fête de Sainte-Marie il y a 10 ans ! Et pourtant, il fait froid depuis de longs mois.

Il n'y a pas eu d'été, cette année, ni de printemps, d'ailleurs. C'est toujours l'hiver. Le ciel est resté couvert et gris. Des nuages de suie se sont déposés partout et le blé n'a pas beaucoup poussé. L'herbe est rare et les bêtes sont maigres.

Marguerite est épuisée. Elle, dont la santé a vacillé depuis qu'elle attend son deuxième enfant. Son corps frêle s'est alourdi depuis neuf mois, mais elle est restée mince, peut-être un peu maigre, avec le peu qu'elle mange.

Elle fait la part belle à ses hommes à table. Et son dos qui la fait tant souffrir… Quand elle file la laine pendant 10 heures de suite, elle pleure dans son coin. Il ne faut pas le faire voir aux voisines.

François n'est pas souvent là, et quand il rentre, lui aussi est fatigué. Préposé aux Douanes royales, c'est un bien beau titre. Cependant, pour nourrir son monde, il en faut un peu plus. 12 heures d'affilée, de jour comme de nuit sur les chemins de ronde au bord de la grève, tous les jours que Dieu fait à surveiller la mer et les champs, au vu et au su de tout ce que la terre de Bretagne compte de malfaiteurs et de voleurs de grand chemin. Il faut qu'elle travaille dur.

Surtout qu'Alexandre, à plus de 3 ans, est déjà un sacré gaillard qui ne laisse pas sa galette au chien !

Pour le moment, elle se concentre sur sa douleur. Ce petit être qu'elle a eu tant de plaisir à concevoir (même si elle ne doit jamais le dire) est en train de lui arracher les tripes. Elle ne doit pas crier. Tout juste pleurer. De toute façon, elle ne peut pas empêcher les larmes de couler sur son joli visage brûlant de fièvre et de fatigue.

Dans une dernière contraction et un ultime effort, le nouveau-né peut enfin respirer. Elle ne sait pas ce que c'est, mais les cheveux noirs plaqués sur son crâne rose sont les siens. Ceux de François sont plus roux.

La matrone qui l'a accouchée se précipite sur son couteau et tranche le cordon, emmaillote le bébé hurlant et finit le travail.

Une fois délivrée, elle prend son enfant dans les bras : une fille. C'est une fille ! Quel bonheur après son Alexandre ! Une fille qui pourra, si elle survit, l'aider dans son quotidien.

Ce sera Marguerite. Comme elle. Comme sa grand-mère. Quand il rentrera, tard ce soir, François fera sa connaissance et la vie reprendra son cours, à quatre.

Et les voisines qui sont déjà là à contempler ou à épier le moindre défaut, la moindre ressemblance avec quelqu'un qui ne serait pas d'ici… (sait-on jamais !) Les commères sont toutes à l'affût du faux pas qui alimenterait les veillées des siècles à venir.

Eh bien non ! la Marie-bédasse du Bout de la Grève n'aura pas cette joie !

Il va falloir qu'elle trouve autre chose. Elle aussi, la jolie Marguerite, elle aime bien rire en écoutant les histoires de la Marie-Yvonne qui a fauté avec le Jean de Saint-Michel-en-Grève. Même qu'il a quitté la région ! On ne l'a jamais revu. Mais ça fait bien 20 ans maintenant qu'on se repasse le même conte sinistre et drôle.

En attendant, elle hurle à plein gosier, la nouvelle Marguerite. Elle l'appellera Gaëdig, Petite Marguerite. Elle a faim. Elle tête goulûment le sein blanc et lourd de sa mère, et enfin repue, s'endort dans ses bras. Marguerite s'endort aussi, enfin !

Quand il rentre après avoir passé 12 heures dans la fraîcheur anormale de cette nuit d'août, dans son bel uniforme en drap un peu défraîchi qui lui tient chaud toute l'année – en ce moment ce n'est pas désagréable malgré la saison –, il n'entend pas un bruit. Une peur viscérale l'étreint quand il pénètre dans la masure au sol en terre battue, toute petite, mais si bien tenue par sa Marguerite. Et si… non ! il voit la vieille qui file la laine devant le lit-clos sculpté, assise sur le trépied de sa femme. Elle lui offre un sourire heureux et édenté.

— C'est une fille ! la mère et l'enfant dorment à poings fermés. Dame, elles ont bien travaillé toute la nuit !

Il est rassuré et fier, François. Il se penche sur ses deux beautés et embrasse Marguerite sur son front moite de sueur qui retient des mèches de cheveux noirs et humides.

Il contemple leur enfant. Les larmes lui viennent, mais il ne doit pas pleurer devant la vieille qui y verrait un signe de faiblesse et d'offrande au Malin.

Elle en ferait des histoires à dormir debout et à en avoir peur la nuit.

Marguerite ouvre ses yeux noirs en amande et le regarde avec amour. Elle est fatiguée, épuisée et en vie. Elle est là, allongée dans son lit-clos, belle comme le jour où il l'a vue pour la première fois à la Saint-Jean il y a neuf ans.

Il se souvient de cette nuit chaude et illuminée par les feux autour desquels dansaient les jeunes gens de Ploulec'h. Il était rentré de l'armée et d'une campagne assez éprouvante peu de temps auparavant, et était venu rendre visite à son jeune frère, Alexandre. Avec ses joues rougies par la danse et le feu, elle était de loin la plus jolie fille qu'il ait vue. Elle dansait avec la légèreté d'un lutin.

Il n'avait pas osé l'aborder, mais l'avait dévorée des yeux pendant longtemps si bien que son frère s'en était aperçu et lui avait soufflé :

— Marguerite est un bon parti !

Ne sachant que répondre, François l'avait regardé, étonné.

— Elle était promise à un gars du pays qui n'a pas eu ta chance à la guerre. Elle n'était peut-être pas d'accord pour cette union, mais comme son promis est mort il y a déjà 3 ans et qu'ils n'avaient même pas annoncé leurs fiançailles, la belle s'en est remise, reprit Alexandre.

— Comment ça, elle s'en est remise ? demande François sur ses gardes.

— Ne te méprends pas. Elle est sage comme une image, mais a bien décidé de choisir son parti. Son père est bourrelier et est déjà remarié deux fois. Elle a à peine connu sa mère et a été élevée par une brave femme. La nouvelle femme de son père ne s'occupe pas de ce que fait Marguerite. Elle a beaucoup à faire avec ses enfants et ceux du lit précédent. Mais la maman de la jolie Marguerite lui a laissé une jolie petite maison à Ploulec'h ainsi qu'une bonne terre qui lui venaient de sa propre mère.

François était resté pensif un long moment, jusqu'à ce que son frère lui donne une bourrade dans le dos, le faisant avancer d'un pas au passage de Marguerite.

Elle lui avait souri et tout avait commencé. Après de longues palabres entre les deux familles et après leurs fiançailles, le couple s'était marié en janvier 1809.

Et ils avaient été des plus heureux.

Partis de Ploulec'h après avoir vendu la maison et la terre, ils s'étaient installés à Trédrez où ils avaient acheté cette demeure et un bout de terrain qui, malheureusement, ne donnait pas grand-chose.

Devenu douanier, François s'était rapproché de la caserne des douanes où il ne pouvait loger faute de place. La bâtisse avait été réquisitionnée pour y abriter les soldats mobilisés là depuis des années.

Des bruits de pieds nus derrière lui le ramènent brusquement à la réalité. C'est son fils qui a échappé à la Tordue quand il a vu son père par la lucarne de la masure d'en face.

Il saute dans ses bras et cache son visage dans son cou. C'est qu'il a eu peur en entendant les vieilles raconter des histoires de bêtes qui viennent prendre les mamans et les enfants qui naissent. Il ose enfin regarder. Maman lui sourit et elle tient dans ses bras un petit paquet duquel émerge ce qui doit être une tête. C'est tout rose, fripé, pas très propre avec des cheveux noirs. Son père lui dit que c'est sa petite sœur et qu'il faudra être gentil et protecteur avec elle. Une sœur !

Comme la sœur du Julien qui le suit partout. Il ne comprend pas, du haut de ses 3 ans, pourquoi on lui inflige ça, mais il s'en remettra !

« Elle s'appellera Marguerite, dit sa mère dans un sourire fatigué et néanmoins radieux. Elle sera notre Gaëdig ! »

« D'accord, dit François. Il faut que j'aille à la Mairie avec mes témoins. Je vais demander à Pierre et François qui doivent encore être aux champs. Mais la mairie est fermée à cette heure. On ira demain matin. »

Il repart dans la grisaille. Il ne sait même pas l'heure qu'il est tant le soleil est voilé. Ils n'ont jamais connu ça par ici. Le même temps humide, gris, depuis des mois. À peine un peu moins froid depuis quelques semaines. Les terres n'ont rien donné ou presque. Les laboureurs vont prendre la mer, pour sûr ! Il faut manger et nourrir sa famille.

La vieille lui a dit que l'enfançon était né après prime. Alors, on dira 7 heures ce matin.

Il court vers ses amis : François Geffroy et Pierre Montfort. Ils sont laboureurs et sont en train de se crever la paillasse dans leurs champs pierreux pour essayer de sauver quelques boisseaux de blé. La terre vaut plus cher quand elle donne du beau blé, mais ici on cultive aussi le blé noir qui pousse partout, sans soleil et sous la pluie, et qui permet aux femmes de nourrir toute la maisonnée. On vend le blé aux gens de la ville et on garde le sarrasin pour ne pas mourir de faim.

Avec leurs douces fleurs blanches ou roses, les champs de sarrasin à perte de vue font presque oublier la rudesse du sol.

« Mes amis ! C'est une fille, robuste et goulue. Elle est née ce matin quand j'étais à la Lieue de Grève ! Marguerite va bien. La petite s'appellera aussi Marguerite, mais pour nous ce sera "Gaëdig". On va boire une bolée à sa santé. »

Pierre et François ne se font pas prier. Fatigués de leur journée et heureux pour leur ami, ils quittent les champs et s'en vont chez Marie-Perrine, le café où ils ont pris leur première cuite, ensemble, tous les trois. Il y a si longtemps !

Le lendemain de ce jour mémorable, nos trois compères, la tête un peu lourde du cidre âpre et sec ingurgité dans l'euphorie du moment, déclarent la naissance de Marguerite LE DRET, née à Trédrez le 8 août 1816 de François LE DRET, 34 ans, préposé aux Douanes royales, de Trédrez Cotes du Nord, et de Marguerite CORSON, son épouse, 36 ans, filandière de Ploulec'h.

Trédrez 1820 - 1829

Gaëdig a grandi. Elle est belle et un peu effrontée. Depuis qu'elle a appris à marcher juste à son premier anniversaire, elle trottine. Toujours derrière sa maman à observer ses faits et gestes.

Elle observe tout de ses yeux sombres et perçants. Elle s'applique à reproduire ce que font les grands. Elle aide déjà maman à laver les bols et à mouiller le sol en terre pour empêcher la poussière de s'infiltrer partout. Dans les galettes et les crêpes, c'est dégoûtant !

Une véritable petite ménagère, haute de 3 ans et demi.

Maman est souvent fatiguée et quelquefois elle grossit, et on accueille une petite sœur.

Elle a vu Anne arriver. Anne n'a pas voulu rester. Après quelques mois, elle est partie. Papa et maman pleuraient. En revanche, Gaëdig était contente de retrouver sa place dans le lit-clos, au pied de ses parents, à côté d'Alexandre. Son dieu !

Elle adore, son grand frère. Il l'embête parfois, mais il lui prend la main aussi pour aller chercher les œufs au poulailler. Parce qu'elle craint un peu le coq et l'oie. Les poules, ça va. Elles ont l'air tellement bêtes !

Alexandre est gentil et patient avec Gaëdig. Il lui apprend comment construire des bateaux avec des feuilles de chêne et des brindilles ; de fiers vaisseaux qui fendent les eaux du ruisseau. Ils jouent ensemble dans les trous d'eau de la grève, les algues devenant des forêts inexplorées où des êtres inconnus défendent leur territoire à coups de pinces. Pendant ce temps, ils oublient que maman ne peut pas s'occuper d'eux, car elle ne se sent vraiment pas bien.

Depuis quelque temps, elle est toujours pâle et très fatiguée. Elle ne mange rien et elle a encore un gros ventre. Le soir, Gaëdig pose sa tête sur ce gros oreiller tout dur et attend qu'il lui donne un coup. Elle a peur de ça aussi. Alexandre, lui, fait le fier à bras, mais n'en mène pas large. Tout ça, ce sont des histoires de filles qui ne le regardent pas. N'empêche que maman n'est plus comme avant.

Dehors, il pleut. On est le 30 mai 1820. Après des mois tout gris, il commence à faire meilleur. La terre ne donne toujours pas grand-chose, sauf le blé noir.

Encore et toujours. On ne peut pas acheter de blé tendre pour faire le pain, car il coûte trop cher. Alors, on fait avec ce qu'on a. Les filandières se racontent des histoires de guerres et de famine qu'elles tiennent des femmes de marins qui ont voyagé. Les pêcheurs rapportent toujours leur poisson ; on n'en manque jamais. Celui qui vit dans les eaux peu profondes comme ceux qui passent au large. Toute l'année, on a du poisson.

Il y a de plus en plus de gars qui partent à la pêche (et beaucoup qui ne reviennent pas).

Les veillées tournent autour des drames et des larmes depuis toujours ici. Les fortunes se font et se défont autour des campagnes de pêches.

L'oncle Alexandre, le frère de son père, a une jolie et grande maison en pierre de taille, mais il part souvent, et longtemps, en mer. À Terre-Neuve. Son frère, Alexandre, veut partir là-bas quand il sera plus grand. Enfin, quand on voudra bien de lui sur un bateau.

Ce soir, il n'y a personne pour raconter des histoires de bateau perdu. La vieille matrone qui l'a vue naître est là. Elle a l'air inquiète. Maman est fatiguée et pousse des petits cris en se tenant le ventre dans le lit-clos. Elle l'a vue par la porte entrouverte. Elle a entendu dire aussi que maman a de la fièvre et qu'elle crache le sang. On chuchote un mot qu'on ne doit pas prononcer trop souvent. Tuberculose ! Elle et son grand frère ne doivent pas rentrer. Ils doivent rester dehors ou chez la voisine. Ils y passent la nuit, serrés l'un contre l'autre pour ne pas avoir froid, pour ne pas avoir peur. Au petit matin, ils entendent de l'autre côté de la ruelle, un cri qui ressemble à celui d'un chat qui se bat avec un ennemi juré. Ils sortent en courant. La vieille est là. François aussi. Il est tout pâle.

Ils entrent avec lui sur la pointe des pieds et voient leur maman tenant dans ses bras un ballot de linge.

On leur présente Marie-Jacquette. Née ce 31 mai 1820 à 7 heures du matin. Marguerite ne quittera plus le lit-clos. Entre deux quintes de toux, elle nourrira au mieux la petite chose toute menue qui n'a pas l'air de boire beaucoup. La Jeanne, la voisine du bas de la grand-rue, essaie de lui faire téter son propre sein, elle qui a trop de lait depuis la naissance de son garçon, mais la petite s'endort sur la besogne, même en mettant de la goutte sur le téton. Elle aussi a de la fièvre.

Le temps passe. L'air est plus chaud. Gaëdig fait de son mieux pour rester en place et ne pas faire de bruit. Chaque jour que Dieu fait, elle va rendre visite à sa mère qui reste clouée au lit avec cette fièvre dévorante qui lui fait les joues rouges et les yeux creux. Et cette toux qui lui arrache des larmes tant elle est forte. Elle n'est pas autorisée à l'approcher.

Un jour, la vieille débarque avec une femme à l'air sévère, un peu bête aussi, qui regarde la maison d'un air dégoûté. Julienne qu'elle s'appelle, mais il faut dire Julie. C'est plus joli…

Une parente lointaine de la vieille, qui vit à Saint-Michel-en-Grève. Une vieille fille qui se loue à la journée pour faire le ménage ou aider aux champs.

Gaëdig et Alexandre ne l'aiment pas. D'emblée, ils l'affublent de surnoms plus grotesques les uns que les autres, Alexandre surtout. Elle, elle n'a pas assez d'imagination à son âge. « Cul d'oie » ou « la dinde », elle comprend quand même, et ça la fait rire malgré la tristesse qui règne dans la maison.

Julienne Le Marec s'installe donc à Trédrez, chez François et Marguerite. Elle est là pour aider au ménage, à la cuisine et pour surveiller les enfants. Elle dort sur une paillasse près du foyer. La vieille s'occupe de Marguerite et de Marie-Jacquette.

Chaque jour qui passe devient un calvaire pour les deux petits. Entre leur maman qui ne sort plus du sommeil agité dans lequel la maladie l'a précipitée et leur papa qui part travailler de longues heures, ils sombrent dans une mélancolie que seuls leurs jeux dans les champs environnants viennent interrompre.

Un matin de juin (le 26 précisément), ils voient arriver la lugubre procession. C'est le curé et ses deux enfants de chœur qui apportent l'extrême-onction à Marguerite. Des voisins sont partis chercher le père à Locquémaux. Il arrive juste à temps pour recueillir le dernier souffle de son épouse.

Marguerite Corson est morte le 26 juin 1820 à 13 heures. 26 jours après avoir donné naissance à Marie-Jacquette. Elle avait 40 ans.

L'enterrement a lieu le lendemain matin au cimetière de Trédrez qui jouxte l'église Notre-Dame. Il fait beau et chaud. Les enfants ne comprennent pas tout, mais ils savent que maman est remplacée par la Julienne et que plus rien ne sera comme avant.

Ils rentrent à la maison. Julienne Le Marec s'installe. Jeanne donne toujours le sein au bébé qui reste apathique et fiévreux, et leur papa est tombé dans une sorte d'hébétude après la mort de sa tendre Marguerite. Il ne parle plus, lui qui déjà n'était pas causant.

Il sait que les maladies font des ravages depuis toujours, mais il ne pensait pas que cela frapperait son épouse. Il a deux enfants à nourrir et à protéger, mais le cœur n'y est pas.

Toutefois, après l'été, François leur annonce que Julienne va devenir leur nouvelle maman. Une nouvelle femme pour cet homme qui ne peut s'occuper seul de ses enfants ni vivre ouvertement avec une femme qu'il n'a pas mariée, sous son toit. Il y a beaucoup réfléchi et les commères l'ont aidé à prendre cette dure décision, mais c'est la seule solution.

Julie sera donc la nouvelle femme de François, mais certainement pas une maman.

Gaëdig et Alexandre ne le veulent pas, et la Julienne encore moins. Elle n'a aucune patience, elle qui à 38 ans est encore fille et n'a donc jamais eu d'enfants (« Dieu m'en préserve » !).

Mais elle veut bien épouser le François qui est un beau gars, préposé aux Douanes royales, et propriétaire de la petite maison où il habite avec ses enfants et qui lui revient de droit, elle dont personne n'a voulu jusque-là.

Affublée d'un fort mauvais caractère et d'un gros cul, elle n'a ni grâce ni beauté.

Du courage pour travailler, certes. Mais du reste, non.

Le 14 octobre, tout le monde s'en va à pied à Saint-Michel-en-Grève. Il fait encore beau ce jour-là. Ils longent la mer par le chemin des douaniers que François connaît si bien. Les enfants sont ravis de cette aventure qui rompt la monotonie de leur quotidien. Ils n'ont pas encore pris la mesure de cette journée : papa et la Julienne vont se marier. Mais c'est jour de fête et ils se sont lavés (un peu) et habillés de propre ce matin. Ils vont même manger dehors, dans la cour de ferme d'un ami du père. Ce n'est bien sûr pas joyeux, le souvenir du décès de Marguerite hante encore tous les esprits, mais la vie continue, comme disent les grands.

De retour à Trédrez, le soir, ils sont tous épuisés d'avoir tant marché et mangé. D'avoir un peu bu aussi, pour certains. Les langues se sont déliées d'ailleurs.

Aux phrases susurrées après un coup de coude discret, comme « Tu ne trouves pas qu'elle est trop vieille, la Julienne ? » succèdent les « Dame, oui ! » et les « Elle n'a aucun bien, et en plus fagotée comme un épouvantail », « Elle est aigrie, la pauvre vieille fille », « Elle n'aime pas les petits, ça se voit ».

Elle n'est pas aimée, la fille de Ploumilliau ! Elle se donne de grands airs de dame de la ville. Une ville, ça ! À peine deux fois Trédrez. Et ça se donne des airs…

« Tous nos vœux de bonheur, très chère Julienne ! » l'hypocrisie est sur toutes les lèvres, dans tous les gestes du quotidien. Sinon, on s'ennuierait ferme !

Julienne n'est pas femme à se laisser abattre par tant de méchanceté, même si les remarques acerbes glanées ici et là lui font un pincement au cœur. La vie n'a pas été très douce avec elle et elle compte bien se rattraper !

En attendant, il va falloir songer à agrandir la masure devenue trop petite pour tout ce monde. Dame ! deux adultes, deux enfants, un nouveau-né et la nourrice, ça rétrécit grandement l'espace. On prendra sur la cour de derrière, près du poulailler, pour loger les enfants.

On quémande donc de la pierraille aux amis laboureurs, même si une planche clouée entre le poulailler et le lit des petits aurait fait l'affaire, selon Julienne ! Ce n'est pas ce qui manque, la pierre. C'est plus solide que des planches. Bien ajustée et le sol bien battu, ça fera une pièce de plus, aveugle et de taille plus que modeste, dans laquelle on ne peut poser que leur paillasse pour deux, certes, mais un espace supplémentaire apprécié.

Les jours se suivent et Gaëdig, qui a de plus en plus de mal à respecter l'ordre établi par sa marâtre, supporte tant bien que mal sa nouvelle vie.

La petite Marie-Jacquette est toujours plus faible et plus pâle. Elle s'éteint le 1er novembre, 15 jours après le remariage de François. La Jeanne peut ranger ses tétons et emporter son lait, on n'a plus besoin d'elle ici.

Julienne peut régner en maîtresse sur la masure, même si elle doit reprendre le travail de filandière laissé vacant par le rappel à Dieu de Marguerite. Il faut bien aider si l'on veut vivre, et quitte à remplacer Marguerite, autant tout faire comme elle.

Deux ans après son mariage, elle donne naissance à son premier enfant. À son âge ! 40 ans et un premier gosse. Ma Doué beniguet ! c'est qu'il a encore de l'ardeur, le François ! Lui aussi a 40 ans, mais il n'a pas à supporter une grossesse et tous les maux qui l'accompagnent.

Elle grossit, elle enfle ! les enfants s'en amusent, pour sûr ! Alexandre se gausse tant qu'il le peut, lui qui va sur ses 9 ans et attend avec impatience ses 10 ans pour embarquer à la pêche avec l'oncle qui porte le même prénom. Son parrain !

Le père et l'oncle sont tombés d'accord, mais il doit attendre ses 10 ans.

Gaëdig, elle, voit bien le changement physique de Julienne. Elle est comme maman quand elle attendait les petites sœurs qui ne sont pas restées.

Son caractère aussi change : elle est encore plus mauvaise avec elle. Elle refuse de lui donner son surnom et l'appelle Marguerite. Pas grave, elle est heureuse de s'appeler comme sa maman. Et puis, de toute façon, elle ne l'appelle presque jamais.

Le 14 novembre 1822, elle met au monde un garçon, Charles. Il est fort, robuste et braillard ! Quel tintamarre il fait quand il a faim, celui-là ! Un vacarme pareil on n'a pas idée ! Gaëdig est vite excédée par tout ce bruit. Elle quitte de plus en plus souvent la maison pour courir à la falaise regarder la mer, cueillir des fleurs des champs ou parler aux vieilles bienveillantes qui l'incluent volontiers dans leurs bavardages.

On se raconte des histoires de marins parcourant les mers du monde entier. On parle de régions dont les noms n'inspirent que crainte et curiosité.

On se remémore des gars partis sur la « petite Louison » ou embarqués sur le « Soleil Levant ». Beaucoup ne sont pas revenus. Péris en mer, qu'elles disent. Elle tremble d'effroi en imaginant son frère tomber dans l'eau et ne plus revenir. Et puis il y a ces histoires de bateaux qui partent à la découverte des « Îles » ou qui font la course.

La course ? Elle imagine les bateaux essayant l'un de rattraper l'autre comme quand elle joue avec son frère et les autres enfants dans la rue. Des bateaux avec des voiles immenses qui se courent après ? Comme les feuilles de chêne sur le ruisseau ? Les grandes personnes jouent comme les enfants, mais avec des jouets à leur taille.

Un petit frisson bien effrayant, mais tellement agréable parcourt l'échine de toutes les femmes, vieilles et jeunes, à l'évocation de ces noms inconnus. Terre-Neuve et le brouillard qui engloutit tout, d'un seul coup. Les hommes, les chaloupes, tout disparaît pour ne plus jamais revenir. Il y fait toujours froid et humide. Gaëdig se demande bien pourquoi les marins partent si loin pour trouver la même chose qu'ici : le temps et le poisson.

On parle de l'Inde et de ces hommes qui vivent nus dans des maisons en or. Elles rient. Nus ? Ils n'ont pas de quoi se vêtir malgré leurs maisons en or ? Et avec toutes ces étoffes qu'on dit plus douces que le duvet des oisillons ou plus chatoyantes que l'eau calme au soleil de mai, ils ne peuvent pas s'habiller ?

Gaëdig souhaite ne jamais connaître ces pays lointains qui lui paraissent effrayants. De toute façon, les femmes restent à la maison !

Et le Nouveau Monde ! qu'a-t-il de nouveau, ce monde ? Il paraît qu'on peut y faire du commerce ! Mais pourquoi partir si loin et si longtemps alors qu'on trouve ce que l'on veut au marché de Trédrez ou de Saint-Michel-en-Grève ! La petite Marguerite a encore beaucoup de choses à découvrir. Elle qui tremble d'effroi à l'évocation de la Lieue de Grève et de sa plage immense.

On raconte que des bandits de grand chemin se cachent sous le goémon ou dans le sable pour surprendre les voyageurs assez imprudents pour voyager seuls et qui prennent la route la plus directe qui relie Saint-Michel à Saint-Efflam, c'est-à-dire la plage, à marée basse ou descendante. Ils détroussent les malheureux et abandonnent leurs dépouilles à la mer.

Un bandit fait le guet à la taverne et écoute – et quelquefois fait parler – les voyageurs trop bavards ou à l'esprit embrumé par la goutte servie généreusement par le malfrat. Celui qui ne veut pas attendre un groupe avec qui faire route, accompagné des gendarmes, peut être sûr qu'il ne rejoindra pas l'autre côté.

Quand il est sûr d'avoir ferré le bon poisson, le voleur rejoint ses acolytes et ils se mettent en place. S'ils sont trop visibles sur le Grand Rocher, ils forment des monticules de sable ou étalent des algues et se cachent dessous. Quand le voyageur les voit, il est déjà trop tard…

La maréchaussée et les douaniers ne peuvent pas grand-chose, à part surveiller la côte et accompagner les voyageurs qui le demandent à travers la passe, et leur assurer protection.

Gaëdig a 8 ans maintenant et elle devrait aller à l'école du curé ou chez l'instituteur (quel mot difficile à retenir), mais elle n'est pas assidue. Et tant qu'elle commence à ânonner les Ave et autres Pater Noster en latin, le recteur de Saint-Michel est content.

Que demander de plus à une fillette qui filera la laine ou le lin, plus tard se mariera et s'occupera de son mari et de ses nombreux enfants ? Gaëdig n'a pas envie d'apprendre à lire et à écrire. D'ailleurs, pourquoi apprendre le français alors qu'entre eux les gens parlent breton et le curé parle latin ? Tout est tellement compliqué avec les adultes.

Alexandre apprend mieux qu'elle. Il sait déjà écrire son nom et compter. Il sera un grand marin, un jour. Il lui a promis de l'emmener loin. Peut-être jusqu'à Saint-Malo.

François est toujours parti, tous les jours et quelquefois la nuit entière. Il rentre fatigué. Il est taciturne de nature et même s'il aime ses enfants, il ne le montre pas souvent. Sombre de caractère, petit et sec, il rit rarement, sauf aux fêtes du village, quand le cidre remplace l'eau du puits. Là, tout le monde y va de sa chanson. On danse aussi aux mariages ou aux baptêmes. Même Alexandre est revenu tout guilleret après le dernier pardon. Gaëdig n'aime pas trop le cidre ni la goutte qui fait pleurer tellement ça pique la gorge et les yeux. Les hommes deviennent rouges et parlent fort en se tapant dans le dos. Certaines femmes aussi, d'ailleurs. Il y en a même qui se sont retrouvées dans de drôles de situations.

Les filandières racontent aux veillées, en filant, qu'une de Saint-Michel a été retrouvée derrière le Marché Couvert en train de « faire son affaire » avec un gars de la Vallée. Toute retroussée qu'elle était ! c'est le mari qui l'a trouvée, la cherchant partout, avec son marmot sur les bras qu'elle avait oublié sur un banc. Elle avait tâté de la bouteille. Et pas qu'un peu ! Le mari lui a filé une rouste mémorable devant l'assemblée hilare. Le gars n'a pas demandé son reste, et tout bourré qu'il était, il a rangé son matériel et on ne l'a jamais revu. Il doit encore courir, le bougre, avec sa culotte qui tombait et son chapeau qui s'envolait. Les tétines des nourrices en ont vu aussi passer de la goutte pour donner de l'appétit aux nourrissons ; bien que ça n'ait pas toujours l'air de leur plaire.

Papa ne boit que pendant les fêtes. Il garde son cidre et sa goutte pour les « grandes occasions ».

D'ailleurs, l'occasion se présente avec l'arrivée, en juin de cette année 1824, de Anne qui voit le jour le 3. Une jolie petite fille un peu rousse qui ne fait pas autant de bruit que Charles. Julienne est vite remise et fait même une brève apparition dans la cour le jour du baptême, juste quelques minutes, pour montrer sa fierté et sa joie, avant de retourner au lit. Le fameux cidre coule à flots, car il fait chaud en cette fin de printemps.

Les hommes profitent une nouvelle fois de ces festivités pour enfin boire un bon coup ensemble. On chante de nouveau et on danse au son de la vielle. Les sonneurs ne viennent que pour les mariages et les pardons, mais la fête est belle et on mange plus que d'habitude. Le parrain d'Anne a distribué des noix et des noisettes de l'année dernière, et aussi quelques cerises et des groseilles.

Les enfants sont tout barbouillés et vont certainement passer un bon bout de temps dans les fourrés ou dans les champs avec une courante terrible, mais ils s'en moquent.

La vie suit son cours et Gaëdig grandit. Elle ramasse les œufs, lave le linge avec Julienne. Surveille Charles qui ne rate pas une occasion de se mettre dans des situations dangereuses ou du moins compliquées. Il n'a pas 2 ans, mais cavale comme un cabri et se cogne partout. Il est même tombé dans la marmite que sa mère avait mise à sécher devant la porte. Quelle histoire pour le récupérer et l'empêcher de recommencer !

Alexandre, lui, attend toujours son embarquement. Il aide aux champs les amis de son père. Il regarde la mer avec envie et impatience. Il veut partir et découvrir la mer plus loin que Saint-Malo, et même plus loin encore. L'oncle Alexandre a parlé d'un port immense qui s'appelle Le Havre. Ses yeux brillent à l'évocation de ses noms. Il s'imagine déjà sur un de ces gigantesques navires, aux voiles gonflées, qui sillonnent les mers et les océans. Il en a entendu des histoires et des contes. Il veut voir tout ça. Il partira le 1er mars 1825 sur « l'Intrépide », et ne reviendra que très longtemps après.

Gaëdig aime surtout aller laver le linge à la fontaine et aider à porter les baquets. Elle ne peut pas encore pousser la brouette avec tout ce linge dedans, mais elle sait déjà frotter à la brosse en chiendent et frapper au battoir.

Quand il y a vraiment beaucoup de linge à transporter, on demande un coup de main à un des hommes du village, mais ils ne sont pas acceptés au lavoir. Les femmes n'ont pas le droit d'entrer dans les cafés ou les tavernes, sauf les tenancières ou les serveuses, et les hommes sont interdits au lavoir !

C'est ici que les femmes échangent les informations sans avoir à se cacher. Ici, elles n'ont plus de tabous. Au marché aussi, entre elles, elles peuvent se raconter des choses, mais les hommes ont toujours une oreille qui traîne, et gare à celle qui a médit de sa belle-famille ou d'un ami du mari !

Les lavandières chantent même avec les mains rougies par l'eau froide et le dos en compote ! Quand il fait soleil, on s'y rend pour battre le linge et l'étendre sur l'herbe pour qu'il sèche. Et les périodes de Grande Buée sont encore plus gaies et festives. On embauche quelques lavandières professionnelles, et pendant trois jours, on trempe, on bat, on fait bouillir, on frotte, on rince, on étend les draps de grosse toile, les chemises, les culottes… tout le linge entassé qu'on n'a pas pu laver correctement, tout ça en chantant au rythme des battoirs tout en surveillant le nombre de draps que les voisines présentent au lavage. Bien sûr, on n'en change pas souvent, mais qui a du bien a des draps dans son coffre. Ça sent le frais ; ce qui n'est pas le cas le reste de l'année. Tout le monde y va de son commentaire, parfois grivois, quant à l'état des draps de toile, blanche à l'origine. Les vieilles chambrent un peu les plus jeunes qui rougissent tant de gêne que de fierté. Dame, un homme qui besogne sa femme, ça prouve qu'elle lui plaît !

Gaëdig se demande de quoi elles parlent toutes, ces femmes, vieilles, jeunes, laides, girondes, mais la question restera sans réponse un bon moment. Elle, ce qu'elle veut c'est jouer à la grande, aider au ménage, rincer le linge, touiller la soupe.

Quand elle a fini ce qu'on lui demande de faire, elle part sur le chemin des douaniers, s'assied et regarde la mer. Quelquefois, à marée basse, elle descend sur la grève avec d'autres enfants et les femmes pour ramasser des coques, des moules, des couteaux qu'il faut repérer dans le sable et creuser pour les dénicher. Elle aime aussi traquer les petits crabes cachés sous les rochers, mais elle a peur d'y toucher. Ils peuvent pincer fort quand on n'y prend pas garde. Les gars sont plus habiles et ils aiment se défier, même s'ils ne sont pas toujours rassurés. Les petites étrilles qui nagent sous le varech dans les retenues d'eau que la marée a laissées sont aussi recherchées pour la soupe.

Elle s'occupe le plus qu'elle peut. De toute façon, elle n'a pas le choix. Il faut faire sa part de labeur. Julienne devient de plus en plus aimable, presque gentille, et il arrive un jour qu'elle appelle Gaëdig par ce surnom. Que lui arrive-t-il ? Elle ne le sait pas. Elle apprécie, c'est tout, et elle l'appelle Julie comme elle l'a toujours souhaité. L'entente s'est fait attendre, mais a fini par arriver.

Souvent, elle reste seule à regarder les vagues, assise sur un rocher. Elle aperçoit des voiles de temps en temps et pense à son frère. Ça fait des semaines qu'il est parti ; elle ne sait pas combien, mais c'est long. Quand il reviendra, il lui racontera plein d'histoires fabuleuses.

Un soir, alors qu'elle est en train de ramasser les bouts de laine tombés du rouet qui accompagneront les duvets dans la couette toute chaude de l'hiver prochain, elle entend des voix, des rires, des cris. Elle se retourne d'un bond, surprise, et peine à le reconnaître : on est le 15 janvier 1827 et Alexandre, son grand frère, vient d'arriver. Il a changé, mais c'est lui. Elle court et se jette à son cou.

Lui la repousse gentiment en riant : « Laisse-moi le temps d'arriver, petite sœur », lui dit-il.

Il est plus grand que dans son souvenir, ses cheveux ont clairci et ses joues n'ont plus cette fraîcheur enfantine qu'elle a gardée en mémoire. La mer l'a mûri. Dame, il va sur 14 ans. À chaque date anniversaire, le

14 mars, Gaëdig est allée sur la grève, dans la bruine glaciale ou le vent, pour déposer un bouquet de primevères et d'une autre fleur mauve dont elle ne connaît pas le nom, et une brassée de genêts.

Maintenant, son frère est là. Elle le regarde dans les yeux et n'y voit plus les lueurs d'amusement qui y brillaient avant de partir. Elle y voit des souffrances ou de la peur. Mais il a l'air si fier dans son gros caban de drap et son paquetage sur l'épaule. Comme un homme, comme l'oncle Alexandre.

Ils rentrent tous les deux dans la maison. Julienne les a entendus et a déjà préparé la bolée de cidre et une galette avec du beurre salé pour le fils de son époux. D'ailleurs, François aura une belle surprise tout à l'heure en rentrant. La veillée sera gaie et longue autour du foyer. Il fait froid, il gèle à pierre fendre malgré l'arrivée du printemps dans peu de temps. On ajoute une bûche.

Alexandre a faim et il dévore sa galette de sarrasin goulûment. Depuis combien de temps n'en a-t-il pas mangé ? Depuis son départ en mars il y a 2 ans. Il n'a pas pu rentrer entretemps, car ils sont partis de Terre-Neuve directement pour Marseille où ils ont vendu leur cargaison de morue sèche, salée au fur et à mesure de la pêche. Ils sont restés à Marseille le temps d'effectuer quelques réparations et de charger du savon et de l'huile qu'ils ont déchargés au Havre. Enfin, au Légué, où ils font relâche, Alexandre a pu prendre la route de Trédrez et retrouver les siens.

François rentre à 7 heures ce soir. Il est essoufflé et en nage. Les gamins qui traînent dehors malgré le temps lui ont appris que l'Alexandre était rentré. Quelle joie, quel soulagement aussi ! Il a tant craint pour la vie de son fils aîné. Il se raconte tellement d'atrocités sur les conditions de vie des mousses !

Il serre son gars très fort, le repousse pour le regarder. Le prend par les épaules comme un homme. On dirait qu'il va se mettre à danser autour de la table, mais non, il s'assied et attend en le dévorant des yeux. Il attend qu'Alexandre ait mangé et bu. Il se lève et sort la goutte. Julie lui sert une galette avec un œuf pour qu'il ne boive pas le ventre vide.

Après avoir mangé, les deux hommes trinquent aux retrouvailles. Alexandre ne crache pas dessus. Pour sûr, il n'est pas une mauviette. Avec leurs verres, ils s'installent près de la cheminée. Gaëdig par terre, aux pieds de son frère assis à côté du père, chacun sur un escabeau. Julie a rapproché le banc sur lequel elle s'installe avec Charles, qui à 5 ans ne reconnaît pas son demi-frère, et Anne, 2 ans et demi, qui n'a pas vraiment connu Alexandre. Ils se réchauffent au feu dans lequel on a rajouté encore une grosse bûche.

Il est fatigué, notre jeune homme. L'oncle Alexandre est resté au Légué pour régler diverses affaires, mais lui il est parti en charrette avec un paysan qui revenait par ici et qui l'a déposé du côté de Trézaou. Il a marché ensuite une bonne heure pour arriver ici. Il a neigé dans la campagne et les chemins sont peu praticables. Il a fait route avec d'autres gars, c'est plus rassurant.

Il dort à moitié sur son siège. Il demande la permission d'aller se coucher : « Je vous raconterai mes deux dernières années demain si ça ne vous fait rien ».

Gaëdig est un peu déçue, mais comprend qu'on ne pourra rien tirer d'autre ce soir de son frère. Il regagne son ancienne « chambre » et s'affale tout habillé sur la paillasse. En fait, François a fabriqué deux lits tout simples (il n'y a pas la place pour un lit-clos) qui servent à Charles et Gaëdig depuis qu'Alexandre a pris la mer et les paillasses ne sont plus à même le sol. Il y fait moins froid l'hiver et Gaëdig a rempli les édredons de plumes, de duvets et de chutes de laine.

Elle regarde son frère dormir, les cheveux en bataille. Il sent le sel et la mer, la sueur et le linge sale. Il n'a pas dû se laver depuis très longtemps. Ici non plus on ne prend pas de bain souvent, mais de temps en temps, pour les fêtes ou les pardons, on se fait beau et on se lave entièrement. On va au lavoir ou à la fontaine en groupe, les femmes et les petits enfants ensemble. Les hommes se débrouillent après. On prend un bout de savon s'il en reste des lavages du linge et on frotte. Seulement s'il ne fait pas trop froid. Sinon, on attend que le temps se réchauffe. On fait une toilette de chat devant l'âtre quand on y est obligés, sinon, au printemps et en été, on joue dans la rivière et

« ça lave tout ». La mer aussi débarrasse de la crasse, même si elle raidit les cheveux et pique la peau.

Le lendemain, Alexandre est debout de bonne heure. C'est qu'il a pris l'habitude de ne pas traîner. Il s'attable avec François qui mange une grosse tranche de pain qu'il trempe dans l'épaisse soupe de pois. Alexandre prend l'assiette de soupe que lui tend Julie et se coupe un morceau de pain. Le silence s'installe. Ils mangent en faisant des bruits de succion, car c'est chaud. Quand ils ont terminé la soupe, ils torchent leurs assiettes avec le reste du pain.

Un peu d'eau et c'est fini jusqu'au deuxième repas qu'il prendra dans la maison des douaniers sur le chemin de Saint-Michel-en-Grève. Il emportera du pain, du saucisson et un peu de saindoux.

François demande à son fils comment ça s'est passé en mer, et là-bas à Terre-Neuve. Ce qu'il a vu…

Alexandre met un certain temps à répondre et se décide : « Tu sais, papa, sur le bateau je n'ai fait que nettoyer, ranger, apporter à boire aux autres. Même si j'étais levé le premier et toujours prêt à me mettre au travail, j'ai reçu assez de claques et de coups de pied aux fesses pour le restant de mes jours, mais pas beaucoup plus qu'ici, à la maison, ou à l'école communale ! dit-il en riant. Je n'ai pas été beaucoup payé, puisque ma solde revenait à l'armateur qui la garde pour mon prochain voyage ou ma remise en état à l'hôpital, si nécessaire.

J'ai économisé quelques piécettes qu'on me laissait quand je donnais un coup de main en plus de mes heures, mais il fallait que je m'achète des vêtements chauds pour passer les six mois sur Terre-Neuve. J'en ai trouvé auprès des femmes qui vivent sur place, les vieilles qui ne peuvent plus travailler à la transformation des poissons. Elles tricotent et revendent ce qu'elles font. Je servais les repas aux officiers, ensuite aux matelots, et on mangeait entre mousses, ce qui restait. On était 3. Deux de Saint-Brieuc et moi, mais comme l'oncle Alexandre était à bord, et même s'il ne m'a pas favorisé, il m'avait à l'œil. »

« Tu as bien fait de dépenser un peu de sous pour toi, lui répondit François. Raconte encore, avant que je parte ».

Alors, il parle. Avec dans la voix un petit tremblement qu'on ne saurait interpréter. De la peur, de la gêne, de l'enthousiasme ?

« La vie à bord n'est pas toujours facile. Il y a le mauvais temps qui nous rend tellement malades qu'on a l'impression de mourir à chaque vague. On est mouillés la plupart du temps, et arrivés à destination, il est grand temps de trouver de quoi se nourrir correctement parce que la nourriture est gâtée et l'eau devient sale. On met des clous à rouiller dans les tonneaux contre l'anémie ». Il boit son verre d'eau et reprend :

« Arrivés à Terre-Neuve, il faut se trouver un cabanon encore debout ou bien en relever un. Parce qu'on ne dort pas à bord, non ! les plus jeunes et les matelots les moins expérimentés, ainsi que quelques jeunes hommes et femmes du cru, attendent le déchargement des poissons des chaloupes sur les grèves et les préparent, les sèchent et les salent pour le retour. Le bateau ne quitte pas son ancrage. On répare les avaries les plus courantes pour être prêts à l'appareillage.

On échoue les chaloupes sur les graviers de la plage où on les décharge.

Le climat est rude là-bas. Pire qu'ici quand la bruine et le vent s'installent sur le rivage. Il fait toujours froid. Enfin, presque toujours. Quand on est repartis, il y avait un pâle soleil et il faisait un peu plus doux. Mais le soleil ne se montre pas souvent. »

Alexandre veut dire quelque chose à son père. Il hésite, mais prend son courage à deux mains et dit : « Papa, c'était très dur. J'ai rencontré des gens accueillants et d'autres malveillants qui n'aiment pas les Français. À bord, il se passe des choses que je n'ai pas vues, mais dont on m'a parlé. Mais j'aimerais être marin.

Repartir sur un bateau. L'oncle Alexandre doit t'en parler, car sans ton accord je ne peux pas partir ». François doit digérer la décision de son gars, mais il ne lui dira pas non. Il le sait. Même s'il est difficile de le voir partir de nouveau.

Gaëdig arrive dans la salle commune en courant. Elle a craint que son frère ne soit déjà reparti. Mais non, il est toujours là. Papa se lève et lui caresse ses longs cheveux tressés, noirs et fins comme de la soie. Il part pour sa journée de travail.

Elle s'assoit à côté de son frère qui fait semblant de ne pas la voir. Elle n'y tient plus. « Raconte-moi les îles et les mers pleines de soleil ! »

Et il lui raconte en enjolivant la réalité. Bien sûr, il fait beau à Terre-Neuve. Les plages sont comme ici, mais le sable est comme du gravier. Comme ça on n'en ramène pas dans les sabots. Les gens sont aimables et souriants.

Marseille est une ville chaude et éblouissante au soleil. Il ne lui dit pas que les rats grouillent sur les quais sales et poussiéreux. Il lui parle des odeurs du Sud, il lui décrit le teint mat des gens, l'accent des marchandes de poisson qu'il imite à la perfection. Gaëdig rit tant qu'elle peut. Elle en pleure !

« Ils parlent vraiment comme ça, là-bas ? » lui demande-t-elle incrédule.

« Té, peuchère, il parle comme ça », répond-il en accentuant toutes les voyelles.

Puis il lui décrit Le Havre. « Tu y es allé ? C'est vrai ? Comme l'Oncle ? Dis-moi. Est-ce aussi grand qu'on le dit ? »

« Oui, c'est un grand port. On y voit des dizaines de bateaux de toutes sortes. Les bassins sont immenses et la ville est belle. Très belle ».

Là non plus il ne parle pas des bas quartiers puants où se côtoient la misère et la maladie, la ville où l'on croise les riches négociants, mais aussi les plus pauvres rebuts. Il ne lui raconte pas que la plupart des marins et des journaliers passent leurs soirées à boire et à se battre dans les cabarets ou les maisons de passe. Elle ne doit pas savoir.

Il fait du quartier Saint-François un lieu chaleureux et accueillant. Il ne peut pas lui parler des gens les plus pauvres qui meurent des pires maladies et des fièvres. Quand ce n'est pas l'alcoolisme qui fait des ravages parmi eux dès leur plus jeune âge. Les plus riches se font construire des villas en dehors des remparts qui rendent la ville de plus en plus étroite, ils ne vivent pas ici. Les gens viennent de toutes parts pour y trouver du travail. Surtout des Bretons.

Et Gaëdig est heureuse. Des étoiles plein les yeux, elle imagine arriver un jour dans ces villes où tout est possible. Son bonheur sera de courte durée. Le soir, quand le père rentre, il annonce à la maisonnée qu'il autorise Alexandre à reprendre la mer quand il le voudra. Il ne veut pas aller contre le bonheur de son fils. Cette déclaration jette un froid. Gaëdig pleure, mais Alexandre la console en lui disant qu'il lui racontera encore plus de belles histoires quand il reviendra.

Mais il n'est pas encore parti ! et, bon sang, il avait oublié ! il a ramené de jolis cadeaux pour tous. Un couteau au manche en os pour François. Un collier en coquillages pour Julie. Un petit bateau taillé dans du bois flotté pour Charles et une dizaine de rubans de diverses couleurs pour Gaëdig. Quelle joie de recevoir de si précieux cadeaux ! Gaëdig fait sa coquette : Julie devra lui tresser les cheveux tout à l'heure !

Il a aussi rapporté un précieux pain de savon de Marseille que le négociant lui a donné avant de repartir pour Le Havre, en paiement de l'aide qu'il a apportée au transport des malles chez ce dernier. Il sent bon. Les belles dames s'en servent pour faire leur toilette et laver leurs cheveux. Ils sont tous un peu perplexes, mais on va essayer.

Près de 3 mois plus tard, en mars 1827, Alexandre repart. Il embarque sur la « Louison » pour Terre-Neuve et Saint-Pierre-et-Miquelon. Toujours sous l'œil paternel de l'oncle qui a promis de le protéger autant que faire se peut.

Il ne rentrera qu'au début du mois d'avril 1829. Une bien triste nouvelle l'attendra.

Au moment de son départ, il avait bien vu que son père toussait de plus en plus et n'avait pas bonne mine. François avait mis ça sur le temps humide et glacial qui régnait cet hiver-là. À travailler dehors toute la journée sans pouvoir vraiment se mettre à l'abri, ça n'allait pas sans inconvénient. Et n'étant pas d'une constitution robuste comme bon nombre de ses compatriotes, il n'arrivait pas toujours à faire face à la maladie. Et il n'y avait pas de « docteur » à Trédrez. Il fallait aller à Lannion et le payer. Que de tracas pour une simple toux ! Julie lui préparait des décoctions et des boissons à base de plantes. Le père Jan, le rebouteux, lui a donné des plantes séchées mélangées à des choses dont il ne veut même pas savoir le nom. Et lui, on le paie avec un poulet ou une chopine de goutte.

Le temps passe et Gaëdig s'occupe pour ne pas s'ennuyer, pour ne pas penser à Alexandre. Elle partage sa chambre avec Anne, la petite sœur de 3 ans. Elle ne peut plus partager les fous rires avec son frère devant le ventre de Julie qui gonfle. Depuis le début de l'automne, elle enfle et semble très fatiguée.

Le 19 mai 1828 naît Jeanne Julie.

François est de plus en plus faible. Il tousse de cette toux rauque qui n'en finit pas et le terrasse.

Il ne mange plus beaucoup non plus. De temps en temps, il reprend vie, surtout quand il fait beau et sec. Mais la maladie sera sans pitié : elle aura raison de lui le 6 mars 1829.

Il est enterré sous la pluie et le vent. Gaëdig pleure et se sent seule. Si seule ! Alexandre n'est pas revenu. Et s'il ne revenait plus jamais ? Non, non. Elle doit penser à autre chose.

Il faut épauler Julie et consoler Charles qui a 6 ans et demi. Elle n'en a pas encore 13, mais a déjà la charge d'une maisonnée. La petite Anne va sur 5 ans et Jeanne Julie est un bébé de 10 mois.

Elle apprend à filer. Elle veut faire de la jolie toile fine et blanche qui se vend bien. Elle apprend à ravauder, à broder, avec les vieilles. Elle est douée.

Julie ne peut plus rester ici, à Trédrez. Elle ne veut plus. La maison appartient désormais à Alexandre, l'aîné. Il la revendra quand il rentrera et gardera le petit pécule pour s'établir et doter Gaëdig. Il se décide à partir chez la sœur de Julie, Anne-Guillemette, qui habite à Saint-Michel et qui est mariée au menuisier. Elles trouveront du travail là-bas, et Julie se sentira moins seule, elle qui est toujours la fille de Ploumilliau. Mais elle n'a plus de famille là-bas. Ils sont tous à Saint-Michel.

En septembre 1829, on charge tous les biens de la famille sur la charrette de François Geoffroy, l'ami de toujours. L'enfance de Gaëdig se termine maintenant. Elle va vivre une autre vie. Alexandre est reparti pour de très longs mois. Cette fois-ci, il a embarqué sur un brick, « L'étoile des Mers », pour les Amériques ; pour faire le commerce des épices.

Deuxième partie
Vies de femme

Saint-Michel-en-Grève, 1829-1835

Pas trop tôt ! on est enfin installés à Saint-Michel. La sœur de Julie les a accueillis avec force gesticulations et cris de joie. Un peu plus jeune, Anne-Guillemette aime sa sœur, aime les enfants, aime la vie. Elle est venue quelquefois à Trédrez. Son mari, Charles, est menuisier. Un peu plus bourru que sa femme, il n'en est pas moins gentil et bienveillant. Anne est cultivatrice. Elle entretient un beau lopin de terre, suffisant pour nourrir sa famille et vendre au marché.

Ils ont un cheval pour labourer, et deux vaches pour le lait ; quelques moutons pour la laine et la viande, et qui tondent les terres en jachère. Des poules et des canes pour les œufs. Ils ne sont pas riches, mais s'en sortent bien. Charles, le mari, fabrique des meubles et des outils. Quelquefois, il participe à la construction d'une maison, mais c'est assez rare.

Ils ont aménagé deux pièces dans une ancienne dépendance : il n'y a plus de journaliers qui s'installent pour la saison chez eux. Ils logent tous à l'hostellerie du bourg où ils peuvent dormir et surtout boire tant qu'ils veulent !

Gaëdig est réconfortée par l'accueil qui leur est réservé. On décharge les lits, la malle et les coffres. Il n'y avait pas assez de place dans la carriole pour le lit-clos.

François Geoffroy fera un second passage dans deux jours. En attendant, on se tasse un peu. Il ramènera aussi les poules, le coq et les deux lapins qui sont restés à Trédrez.

On est loin de la mer, ici. La lande s'étale à perte de vue et la terre cultivée se trouve un peu plus loin dans l'intérieur.

— Qu'est-ce que je peux faire pour aider, tante Anne ? demande Gaëdig.

— Qu'est-ce que tu sais faire ? lui répond Anne.

— Un peu de tout, répond-elle.

— Ma foi, viens avec moi. Il y a du linge à détendre et les œufs à ramasser. Puis il faudra cuire la soupe et trier les pommes. Demain c'est jour de marché, lui dit Anne.

— Je peux venir avec toi ? demande Gaëdig.

— Pour sûr que tu peux venir. Ça me fera de la compagnie et on emportera plus de marchandises.

Ainsi commence une belle entente entre Gaëdig et sa « tante » de Saint-Michel.

Le lendemain matin, aux aurores, les deux commères s'en vont au marché. Elles ont ramassé 6 douzaines d'œufs de poule et 2 douzaines d'œufs de cane.

Quelques kilos de pommes rouges et juteuses. Il y a aussi trois lapins et une oie commandés par la tenancière de l'auberge.

Gaëdig regarde autour d'elle avec intérêt : « Qu'est-ce qu'il raconte le bonhomme là-bas, monté sur un banc ? »

En effet, un vieux avec un chapeau et des hardes raides de crasse promet les pires punitions à tous ceux qui se trouvent à sa portée. Et aux vieilles de se signer en baragouinant une hypothétique prière. Et aux jeunes de ricaner derrière leurs mains. Les hommes, quant à eux, lui adressent des insultes qui ne le touchent visiblement pas. « Il est dangereux ? »

« Mais non ! c'est un fol. Quand il aura vidé sa chopine, il ira roupiller sous un arbre. »

« Et là, c'est quoi ? » demande Gaëdig en montrant du doigt un attroupement un peu à l'écart des étals.

« Une vente de chiffons. C'est qu'une fois le mois, alors les femmes viennent ensemble se disputer les toiles et les vêtements déjà cousus » lui répond Anne qui ajoute : « va donc y voir un peu. Tu verras les jolies couleurs et les belles étoffes fines. Mais ne reste pas dans les pattes des clientes, elles ne te feraient pas de cadeau si tu les gênes. Dame, non ! »

Gaëdig se faufile jusqu'à l'étal aux chiffons et regarde autant qu'elle peut avant de se faire bousculer par une vieille édentée qui ne laisse aucune chance aux autres femmes de choisir avant elle. Ce qu'elle voit la laisse bouche bée et perplexe. Les couleurs chatoyantes et les broderies l'éblouissent. Cela crée un tel contraste avec les tenues sombres rehaussées du blanc des tabliers de toutes ses femmes aux coiffes empesées. Les petites filles ont mis leur bonnet et leur châle brodés. Elles jouent déjà les coquettes !

Les hommes sont présents aussi, mais autour des stands d'animaux. On marchande, on tâte, on fait semblant de ne pas être intéressé.

Mais tous ces hommes et ces femmes sont aussi là pour écouter les dernières nouvelles. Les ragots pour certaines, la politique pour eux. Ici, c'est aussi un endroit où on échange des informations.

Il est temps de rentrer. Anne appelle Gaëdig :

— Tu as faim ?

— Oui, répond la jeune fille.

— Alors on charge ce qu'il reste dans les panières et on va manger une galette avec une bonne saucisse et une bolée de cidre frais avant de rentrer. Comme ça, en arrivant à la ferme, on n'aura pas à faire à manger pour tout le monde.

Maintenant que Julie est là, on partage, dit la tante en partant d'un rire franc et joyeux.

Et ce sera comme un rituel pour elles deux pendant longtemps.

Au fil du temps, Gaëdig devient très habile. Elle file le chanvre et la laine qui sert à fabriquer les vareuses chaudes et imperméables des hommes. Quelquefois, le lin, quand Julie doit rendre sa production rapidement. Elle apprend à ravauder les bas et les vieux vêtements de tissus fins. Elle est patiente et a de bons yeux.

Ravaudeuse ! elle en fera son métier.

Elle aime toujours tenir la maison, aider au rouet et aller au marché. Elle est gracieuse et propre. Dès qu'elle le peut, elle puise de l'eau et fait une toilette, pas toujours complète, mais elle en connaît qui ne se lavent que les jours de fête. Et encore… sans vouloir médire, à l'église elle sait à côté de qui s'asseoir et qui éviter. Mais monsieur le Recteur a dit que c'était un péché d'orgueil et un manque d'humilité ! se sentir propre est un péché ? Bah, tant pis. Elle préfère sentir le bon savon de Marseille que son frère a rapporté plutôt que la crasse vieille de plusieurs mois. Ses cheveux noirs contrastent avec la blancheur de son petit bonnet de dentelle. Elle a la taille fine de sa mère, ainsi que sa silhouette menue. Sur ses robes sombres un peu austères qu'elle porte depuis la mort de son père, elle serre un tablier blanc brodé par ses soins. Pour travailler dans la maison ou au filage elle ne porte que ses sabots de bois, mais quand elle va à la messe ou à la fête elle enfile ses chaussures de toiles bleues.

Gaëdig se pose toujours beaucoup de questions et rêve.

Quand elle va au marché avec la tante Anne, elle n'a pas assez de ses deux yeux pour tout regarder. Chaque semaine est une fête qu'elle attend avec impatience.

Même quand il gelait à pierre fendre comme cette veille de Noël 1830. Elle porte son châle sur les épaules en plus de sa veste de drap, mais le froid entre partout. Ses bas sont trop légers dans les sabots qu'elle a bourrés de foin et d'herbe sèche.

Cette fête de Noël est nouvelle pour elle. Avant ils n'avaient pas l'habitude de manger tant en revenant de la messe de minuit. Mais ici, on tue le chapon et on boit du vin ! on a suspendu des pommes de l'automne passé et accroché des branches de pin au-dessus des cheminées. On jette les pommes de pin au feu et tout le monde sursaute et rit quand elles explosent. Les enfants sont ravis. En plus de la viande savoureuse, ils ont droit à des tartines de pain chauffé devant l'âtre sur lesquelles on a étalé du miel des ruches de l'oncle Charles.

Gaëdig s'est faite belle pour aller à l'église, le curé dira ce qu'il voudra… plus tard !

Elle a bien vu le regard que les gars du pays lui jetaient à la sortie de la messe. Ils ricanaient bêtement en se poussant du coude. Ce qu'ils ont l'air couillons, tout de même !

Mais à 14 ans, on ne fait pas plus attention à ça qu'aux braies du voisin.

Une nouvelle année commence, toujours sans nouvelles d'Alexandre. Elle l'attend. L'hiver s'est avéré plus doux qu'il n'avait commencé et le printemps est précoce.

— Regarde, Tante, ce que j'ai filé. Gaëdig montre à Anne ce qu'elle a fait : un fil de lin fin et solide qui se vendra bien aux bourgeoises.

— C'est vraiment très beau, lui répond Anne. Julie se lève du tabouret devant le rouet et étire son dos douloureux.

— Quel beau travail tu fais, Gaëdig ! lui dit-elle en admirant le fil.

— Je le vendrai sur le marché ou alors il faudra trouver un négociant. C'est comme ça qu'on dit ? demande-t-elle hésitante.

— Dame oui, c'est bien ça. Répondent en cœur les deux sœurs qui pouffent de rire.

Elle ne sait pas écrire ni très bien lire, mais elle sait compter, et ce qui tombe dans sa poche lui servira plus tard.

Il se raconte toujours autant d'histoires le soir à la veillée. Mais le ton a un peu changé. On parle de roi de France mort remplacé par un autre que personne n'aime et qui, dit-on, a une tête en poire. Au moins, on rit ! les grivoiseries vont bon train. « J'espère que tout n'est pas en poire su'l bonhomme ! » « Dame ! faudrait pas qu'ça coince ». Les matrones n'en peuvent plus de s'esclaffer.

Elle, elle rêve d'histoire de chevalier qui s'arrêterait au marché et la complimenterait sur son fil et ses ravaudages. Et il la ramènerait à la maison et demanderait sa main. Mais pourquoi donc un chevalier irait au marché ? Pour admirer son travail en plus ! nigaude qu'elle est. Si déjà un paysan du coin la saluait en soulevant son chapeau crasseux, ce serait un miracle ! elle va sur 15 ans et n'est pas encore bonne à marier.

Par une belle fin d'après-midi ensoleillée de septembre 1831, Alexandre saute d'une charrette dans la cour de la ferme. Il attrape son paquetage qu'il jette sur son épaule et Gaëdig le voit dans le soleil. Même à contre-jour, elle le reconnaît. Quel homme il est devenu ! elle lui saute au cou et il la fait tourner dans une danse où se mêlent rires et larmes. Il a eu 18 ans en mars et c'est déjà un adulte. Gaëdig est un peu intimidée, mais elle se ressaisit vite.

— Viens vite. Je vais te servir du cidre. Tu as faim ? Tu veux du pain et de la cochonnaille ? Une galette ? Dis-moi ! elle ne sait plus quoi faire tellement elle est heureuse !

— Petite Marguerite, calme-toi ! je viens à peine d'arriver, la sermonne-t-il gentiment.

Julie et Anne-Guillemette sortent au bruit qu'ils font.

Il reconnaît sa marâtre et l'embrasse trois fois, à la mode bretonne. Il regarde Anne et Gaëdig la lui présente :

— Anne-Guillemette est la sœur de Julie. On vit chez elle et Charles, son mari, depuis que papa nous a quittés. Il l'embrasse elle aussi.

— Entre donc, mon gars, lui, dit Julie. C'est vrai qu'elle l'a connu petit et s'en est occupée. Mais lui est un peu gauche quand même.

Il entre dans la salle commune qui lui paraît immense en comparaison de l'espace confiné qu'il a partagé avec les autres marins pendant de longs mois sur le brick « Étoile des Mers ». Après avoir posé son sac de toile sur le seuil de la porte, il s'assied à la grande table qui peut accueillir toute la famille. Julie lui sert une bolée de cidre et lui propose de manger.

— Non, non, Julie. Ne te mets pas en quatre pour moi. Il se fait tard donc je vais attendre le souper.

Effectivement ici on soupe dès le coucher du soleil.

— J'ai le temps de me débarrasser de ces frusques et de me laver. Je sens la boucane à 100 pas. À bord, je ne m'en aperçois pas, mais à terre, je ne peux pas l'éviter. Cette maudite odeur me suit comme mon ombre.

Gaëdig, le prenant par la main, l'entraîne à l'arrière de la maison. Là se trouve un abreuvoir avec une pompe à eau. Il faut juste l'amorcer et pomper pour que l'eau arrive. C'est plus pratique que le puits. Elle laisse son frère à ses ablutions, qui resteront minimes, et retourne à l'intérieur aider à préparer le repas du soir. Ce sera une petite fête !

On avait mis des fèves séchées à tremper. Il y a du lard salé, du beurre et du pain. Et la soupe de pois épaisse et chaude. On sortira la goutte en fin de repas qu'on prendra quand l'oncle Charles sera rentré de son atelier.

Il faudra aussi aller au lavoir demain pour décrasser tout le linge d'Alexandre. Et puis raccommoder et ravauder. Et puis, et puis... Gaëdig est surexcitée et folle de joie.

L'oncle Charles rentre à ce moment et elle commence à lui parler si vite que personne ne comprend ce qu'elle dit !

— Bon sang, calme-toi ma belle ! lui dit-il goguenard. Que se passe-t-il donc ?

— Alexandre est rentré, lui répond-elle. Mon frère est revenu. Il est à l'abreuvoir pour se décrasser un peu avant de souper.

Charles est heureux, pour Gaëdig et pour la maisonnée. Dame, ça va changer les habitudes. Des veillées sur le pas de la porte s'il fait bon, et un gars avec qui parler. Ça va être autre chose que les racontars des vieilles.

Pour sûr, elles ne vont pas en perdre une miette pour pouvoir ressortir ces nouvelles histoires le moment venu ; peut-être un peu enjolivées et racontées à leur façon.

Gaëdig laissera sa partie de chambre à son frère. Un rideau tendu d'un mur à l'autre isole son lit de celui de ses sœurs et de Julie. Elle partagera le lit-clos avec sa marâtre. Mais en attendant, elles ont préparé le souper. On se serrera un peu et Alexandre s'assiéra en bout de table, comme ça il verra tout le monde et tout le monde le verra. Après un rapide bénédicité, la soupe est servie dans de grandes assiettes en terre vernissée dans lesquelles une tranche de pain a été déposée. C'est une soupe de pois avec des petits morceaux de lard fumé. Un régal. Ensuite, les femmes apportent du pain frais avec du beurre et un jambon que Charles, en tant que maître de maison, coupe en tranches généreuses, de l'andouille achetée au marché et les fèves qui ont trempé toute la nuit jusqu'à midi.

Il y aura un fromage de chèvre, puisque c'est jour de fête !

Il fait doux dehors. Quand les femmes ont desservi et rangé et que les deux hommes ont pris la goutte, tous se retrouvent dans la cour, qui sur les bancs, qui sur les tabourets et attendent qu'Alexandre commence à raconter.

Un air rêveur passe dans ses yeux quand il commence à raconter. Cette fois, il est parti pour l'Amérique tropicale. Là où poussent des fruits et des épices encore inconnus ici, à Saint-Michel.

— On est parti du Légué pour rejoindre Bordeaux avec une cargaison de toiles à voile. À Bordeaux, après avoir déchargé notre cargaison, on a fait route vers le Grand Nord canadien où l'on compte beaucoup de Français qui attendent soit leurs biens restés ici soit le reste des membres de leur famille qui les rejoignent une fois l'installation terminée. Il y a des entreprises de constructions qui demandent des machines françaises plutôt que de faire commerce avec les Américains. Nous en avions à bord. Et des caisses de meubles et de biens personnels. Il y avait des passagers aussi.

— Des passagers ? Tu veux dire, des gens qui peuvent partir avec toi vers les Amériques ? demande Gaëdig, interdite.

— Oui. Il y avait deux femmes, un homme et 3 enfants. L'une des femmes partait avec ses deux enfants rejoindre son mari qui dirige une exploitation de bois. Les autres étaient son frère qui partait travailler dans l'entreprise et son épouse qui le suivait avec leur fils.

— Mais le bateau est assez grand pour tout ce monde-là ?

— Oui, répond-il. On se tasse, nous les matelots et les mousses. Les officiers aussi d'ailleurs. Ils ont laissé deux cabines pour les familles qui étaient bien en peine.

Aucun n'a supporté le voyage. Les femmes sont restées enfermées tout le temps de la traversée qui fut assez rude. L'homme s'est montré de temps en temps, mais pas bien vaillant. Et les enfants avaient ordre de rester dans leur coin sans gêner.

Puis avec un sourire moqueur :

— Le pauvre homme est passé par toutes les couleurs possibles et imaginables : blanc dès le départ, il a viré au gris dès les premières vagues. Puis au jaune quand son estomac et son foie se sont rebellés et enfin au rouge quand il a eu de la fièvre.

Cela fit bien rire toute la famille et les voisins.

— Le pauvre, il a dû en baver des ronds de chapeaux carrés ! c'était un Parisien ? s'exclame une voisine bien en chair qui file en écoutant l'histoire.

— Pas du tout, un Rennais ! mais à Rennes, c'est bien connu, y a pas la mer ! Et de rire de plus belle.

Gaëdig tire son frère par la manche :

— Raconte ! Alexandre reprend.

— M'est avis qu'il a perdu quelques kilos, le bougre ! c'est pas faute de lui avoir offert la goutte pour faire passer le mal. Mais dès qu'on prononçait le mot manger ou boire, il allait au refile. Les poissons doivent être de belle taille dans le coin !

Et l'assemblée de rire de bon cœur !

— Allez, Alexandre, continue ! demande Gaëdig.

— Arrivés dans une région qu'on appelle le Bas-Canada, on a fait escale au port de Québec. C'est immense !

— Plus grand que Le Havre ? demande Gaëdig.

— Oui, beaucoup plus grand. Et ils parlent français, mais on peine à les comprendre, dit-il en imitant l'accent québécois, ce qui fait de nouveau s'esclaffer le public. Puis on a débarqué nos passagers qui n'arrivaient même plus à marcher droit. On aurait dit des vieux loups de mer ! les femmes ont même baptisé le sol canadien en rendant le peu qu'il leur restait dans les tripes ! mais ça leur passera !

Et ça ricane ! une vieille assène quand même.

— J'aurais bien voulu vous y voir, vous autres !

Mais l'ambiance est à la rigolade et on attend la suite.

— On est resté 15 jours à quai. Le temps de décharger les machines et les effets de ces messieurs-dames, de recharger notre cargaison de bois flotté à fond de cale et de faire les quelques réparations obligatoires et nous voilà repartis sur la mer !

— C'est quoi que vous avez rechargé ? demande l'impatiente et curieuse Gaëdig.

— Du bois flotté. Des troncs d'arbres coupés dans la montagne canadienne au bord des lacs qui sont aussi grands que notre Manche, paraît-il. Les troncs flottent jusqu'au port et on les embarque trois par trois. Pas facile à mettre en cale, mais ça rend le bateau bien stable. Il bouge moins, explique-t-il à ceux qui n'ont pas compris. On laisse de la place pour charger d'autres marchandises dans d'autres ports pour les ramener en France.

Il se tait, un brin moqueur, attendant qu'on lui demande de continuer. Gaëdig avait à peine ouvert la bouche qu'il l'interrompait.

— On est allés jusqu'aux Antilles françaises. Là, c'est un autre paysage et une autre vie ! l'air est chaud et sent bon les épices. La vie est ralentie dans la journée. Les gens sont noirs pour la plupart.

— Noirs ?

— Oui. Ils ont la peau marron foncé et les cheveux tellement frisés que tu ne pourrais pas les brosser, ma petite sœur. Les femmes portent des vêtements de toutes les couleurs. Et les odeurs sont incroyables.

Il rêvasse un instant à ce doux souvenir et reprend :

— Ici aussi, ils parlent une drôle de langue, appelée créole. Pas facile à comprendre non plus. C'est un mélange de plusieurs langues et je ne comprenais que les quelques mots de français qu'ils utilisent. Il y a aussi des blancs. Ce sont les colons installés là-bas et qui font travailler les noirs antillais.

— Et vous avez rapporté quoi ?

— Surtout du sucre. Et aussi de la cannelle, du rhum et du tabac.

— Ensuite, après près de 4 semaines sur place à cause d'une avarie à réparer, on est repartis vers le sud. Vers la Guyane. C'est français aussi, mais le climat y est rude. Très chaud, humide et on est dévorés par les moustiques. Il n'y a pas grand-chose à voir ni à faire. Et il y a le bagne.

— Le quoi ? demande une Gaëdig incrédule.

— Le bagne. C'est une sorte de prison où ont été envoyés des gens pendant la révolution : des prêtres, des nobles, et qui s'y trouvent encore. Il paraît qu'ils ne peuvent pas en partir. La mer est infestée de requins qui mangent tout ce qui tombe à l'eau. Ce sont d'énormes poissons qui mangent de la viande. Même des gens ! et sur terre, il y a la forêt qui recouvre tout en une nuit.

Gaëdig a un frisson d'horreur malgré tout bien agréable. Ces gros poissons n'existent pas ici. De toute façon, elle ne rentre pas dans la mer. Et puis des curés enfermés en prison, ici aussi il y en a eu. Mais la forêt qui pousse aussi vite, elle n'y croit pas. Son grand frère se moque d'elle ! mais elle va lui faire croire qu'elle gobe tout ce qu'il dit. Après tout, il raconte bien les histoires.

— Les gens y cultivent aussi la canne à sucre, mais c'est assez pauvre. Alors ils font pousser du piment.

À l'air interloqué de son auditoire, Alexandre reprend :

— On l'appelle poivre de Cayenne, mais en fait ce n'est pas tout à fait du poivre. On en a chargé quelques ballots. Et d'autres épices qui sentent bon.

Il se fait tard, et demain l'oncle Alexandre doit venir apporter le reste de sa solde au matelot que le gars est devenu. Il repartira dans quelques semaines (sûrement sur le même navire que l'oncle et pas pour la morue) et reviendra avec d'autres histoires et d'autres petits présents pour sa sœur et sa marâtre. Cette fois, il a rapporté un fichu coloré de l'île de Martinique pour sa sœur. Sans grande valeur marchande, ce cadeau fait briller les yeux des autres filles et venir des larmes à ceux de Gaëdig. Julie reçoit un petit sachet de piment de Cayenne séché avec la recommandation de ne pas y goûter directement.

Tout le monde part se coucher avec de quoi rêver ou cauchemarder…

Pendant les mois d'été qui suivent, Alexandre aide aux champs et fait de temps en temps un petit tour à l'atelier de Charles avec qui il s'entend bien. Il aime l'odeur du bois, la texture de la sciure, le bruit des outils. S'il n'était pas matelot, il serait charpentier. Mais rester à terre longtemps, ce n'est pas pour lui. Charpentier de marine ? Oui, mais ça sous-entend rester à terre le temps d'apprendre. Trop long pour l'impatient jeune homme.

À la mi-septembre de cette année 1831, il reprend la mer sur la « Justine ». Cette fois, ils partent pour le Sud, la Méditerranée. Ils vont faire du cabotage le long des côtes françaises et africaines. En Italie aussi. Pendant près de 3 ans, il restera loin de Gaëdig et de Saint-Michel-en-Grève. Pendant ces années sur la « Justine », il escalera à Marseille, à Tanger et à Casablanca au Maroc, à Alger et à Tunis. Il touchera la Sicile à Palerme, puis remontera à Naples et Gênes pour revenir à Marseille. Le commerce est florissant. Les négociants de toutes nationalités exposent et vendent de la soie et des étoffes rares venues d'Orient qui seront revendues à Bordeaux, Le Havre et Paris pour faire de beaux vêtements aux riches bourgeois. Des herbes et des épices. Des légumes peu connus, du thé de Chine débarqué à Gênes, des agrumes et des amandes de Sicile. Il apprend peu à peu la langue commune qui circule encore, bien qu'abandonnée progressivement. La lingua franca ou sabir.

Il respire toutes ces senteurs et emplit ses yeux de paysages incomparables. Tout ça, il le racontera à sa chère Gaëdig quand il rentrera. Et il en est sûr, il ne veut plus quitter la mer.

Pendant ce temps, à des milliers de kilomètres de là, Gaëdig organise ses journées. Elle travaille depuis le printemps 1831, à l'atelier de Catherine, une ravaudeuse trop vieille pour fignoler le travail minutieux que lui demandent les bourgeoises pingres de Saint-Brieuc. Sa vue n'est plus aussi bonne que dans le temps. Elle a usé ses yeux sur tant de vêtements et de dentelles qu'elle n'y voit plus goutte. On lui a parlé de la petite Marguerite qui vit chez ses oncle et tante de l'autre côté de Saint-Michel-en-Grève. Il paraît qu'elle travaille très bien.

À 15 ans, elle est déjà très douée. Elle l'a vue au marché vendre ses fils de lin très fins et les dessous raccommodés par ses soins. Un beau brin de fille ma foi ! et bonne réputation.

La vieille femme est venue la voir chez son oncle et a demandé à vérifier son ouvrage. Un peu intimidée, Gaëdig a déballé sa production de la semaine. L'œil inquisiteur de la femme ne s'y est pas trompé. Elle est douée, la petite.

Après s'être mise d'accord avec son oncle et sa marâtre, Gaëdig est embauchée. Elle commencera lundi matin, dès le lever du jour. Il faut profiter de la lumière naturelle le plus possible. Qu'elle vienne avec son repas de midi.

Gaëdig est fière et un peu inquiète de quitter sa routine familiale, même si ce n'est qu'à quelques minutes de marche.

Le lundi matin, elle est prête au moins une heure avant le lever du soleil. Elle est terrifiée et impatiente. Elle met dans son panier du pain et du jambon. Des pommes et un pot de lait qu'elle offrira à la Catherine. Elle sera payée ¼ de franc germinal par jour pour débuter. Son oncle percevra son salaire toutes les semaines. Elle touchera la totalité lorsqu'elle se mariera, si son frère l'y autorise (ce qu'il fera de bonne grâce). Chaque jour (sauf le dimanche et les jours de pardon et de fête), elle sera à l'ouvrage du lever au coucher du soleil, dans une pièce que sa patronne a rendue agréable. Il y fait bon en toute saison et le jour y pénètre par deux fenêtres opposées. Cet endroit est le seul bien de Catherine.

Elle y vit, elle y travaille et surtout c'est à elle. Son père lui a laissé cette habitation quand il est mort. Elle en a fait bon usage. D'autres ravaudeuses s'installent dehors dans un baquet de bois qui leur sert de boutique et offrent leurs services. Elle, on vient la voir dans son « atelier ». Et elle a toujours eu une bonne clientèle. Les femmes riches, mais radines qui ne veulent pas faire voir qu'elles font raccommoder leurs vêtements ou leur dessous, envoient leurs effrontées de bonnes. Les plus modestes viennent elles-mêmes et sont moins chichiteuses. Le prix est le prix.

La tâche est rude, mais elle est jeune, enthousiaste et pas feignante. À la maison, pas question de se mettre les pieds sous la table en arrivant. Il faut aussi faire sa part de travail et le soir, quand elle n'est pas trop fatiguée, elle filera à la veillée avec les autres femmes. Maintenant, elle fait partie des femmes, plus des enfants.

Elle travaille, elle ramène un peu d'argent à la maison et pourra commencer à monter son trousseau puisque sa maman n'en a pas eu l'occasion. Avec le fil de lin qu'elle produit, la tisserande tisse de la toile aussi fine que souple. Gaëdig pourra en retirer quelques aunes auprès de Dame Justine et broder des draps, des mouchoirs ou des dessous. Elle n'en aura certes pas de grandes quantités, car elle n'est pas riche, mais elle aura la qualité. Elle a le temps. Personne ne fait battre son cœur de 15 ans et personne ne s'est jamais déclaré.

Le temps passe rapidement avec ces journées si longues. Mais Gaëdig aime ce qu'elle fait et ne voit pas vraiment le temps passer. Seule l'absence de son frère se fait ressentir de temps en temps. Elle a reçu une lettre le mois dernier ! en juin de cette année 1832. Une lettre apportée par un matelot qui avait croisé Alexandre à Marseille. Un véritable évènement ! les voisins, la famille, tout le monde voulait savoir ce qu'il y était dit. Gaëdig ne sait pas lire. Du moins, elle a tout oublié ! seul oncle Charles pourra lui dire ce que contient ce courrier. Elle a peur en attendant son retour le soir.

Quand il arrive, elle a presque envie de ne pas la lui donner, mais ses frères et sœurs, Julie et Tante Anne l'informent de l'arrivée de la lettre.

Il la prend et la décachette de ses grosses mains calleuses et commence à lire. Gaëdig n'en peut plus.

— Alors, Oncle Charles. Que se passe-t-il ? que dit-il ?

— Il dit que tout va bien. Qu'il a profité de rencontrer un gars à Marseille qui rentrait chez lui pour lui confier ce message. Il a l'air heureux de sa vie. Il dit rentrer dans 1 an. Son embarquement au cabotage se terminera et il devra reprendre un autre engagement. Leur raconte l'oncle Charles.

— Lis-moi la lettre, s'il te plaît, Oncle, demande Gaëdig.

Et à l'Oncle de s'exécuter.

Quand Alexandre reviendra, elle aura déjà 17 ans et aura bien changé. Lui aussi. Ce sera un homme, du haut de ses 20 ans.

Il rentre à Saint-Michel un soir de novembre 1833. Gaëdig l'accueille toujours aussi joyeusement. Elle est fière de son grand frère si beau, qui voyage de par le monde et rentre avec des souvenirs pleins la tête. Cette fois-ci, il doit rester jusqu'à Pâques en attendant un nouvel embarquement. Il en profite pour aller chez l'oncle Alexandre à Loguivy-lès-Lannion pour lui demander conseil, car il veut devenir officier et même avoir son propre bateau ! Il y restera jusqu'à Noël qu'il passera à Saint-Michel.

À Loguivy, sa vie va changer du jour au lendemain.

Il aide l'oncle Alexandre dans ses champs. La tante Marguerite file à la maison. Comme presque toutes les femmes de la région. Les voiliers ont besoin de toile pour satisfaire aux besoins de la marine. Même si les bateaux à vapeur commencent à peine à montrer leur étrave, les navires à voiles ont encore de beaux jours devant eux.

Un matin de décembre 1833 l'oncle lui demande de l'accompagner. Il veut lui présenter quelqu'un avec qui il pourrait faire affaire. Intrigué, le jeune homme accepte.

— On va à Ploulec'h. Au café du Bourg, voir la Marie-Françoise.

Alexandre est de plus en plus étonné ! au café ? Pour voir une dame ? Pour lui, rencontrer des « dames » dans un café ou un cabaret n'a rien d'étrange, à 20 ans et trois voyages au long cours, il en a « rencontré ». Mais de la part de son oncle, c'est très surprenant. Le prend-il pour un puceau à faire déniaiser ?

— Ne sois pas inquiet, lui dit l'oncle avec un petit sourire, c'est une dame correcte.

Alexandre rougit de s'être laissé découvrir, mais se ressaisit vite :

— Qui est-ce, oncle ?

— La veuve d'un de mes très bons amis. On a voyagé ensemble quand on était très jeunes. Quand il a arrêté la navigation au long cours, il a acheté un chaland de Rance pour faire le batelier. Il est mort il y a déjà 15 ou 16 ans et sa veuve, Marie-Françoise, tient un estaminet à Ploulec'h.

Ne voyant toujours pas ce qu'ils ont à faire avec la Marie-Françoise, il se tait. Ils ont une bonne heure de marche et il fait froid. Aussi ne traînent-ils pas.

Arrivé au bourg de Ploulec'h, Alexandre aperçoit le fameux café. C'est une belle petite bâtisse en pierre de taille avec un toit qui descend bas et une cheminée qui fume dans le ciel bleu dur. Il a hâte d'y entrer, ne serait-ce que pour se réchauffer et boire une bolée.

La pièce est déserte à cette heure matinale, et quand ils poussent la porte, une bouffée d'air chaud sentant la cochonnaille et le bois de cheminée les accueille. Une solide femme d'environ 50 ans aux joues rougies par la chaleur qui se dégage de son feu de cheminée se retourne et leur adresse un large sourire.

— Alexandre ! je vous attendais ! entrez tous les deux. Mettez-vous près du feu et retirez vos vestes.

L'oncle claque trois bises sur les joues de la femme qui se tourne vers Alexandre :

— Et voilà l'autre Alexandre ! mais quel homme il fait ! quel âge tu as, mon gars ?

— 21 ans en mars prochain, madame.

Un éclat de rire franc la secoue tout entière :

— Madame ! en v'là des manières. Mes amis m'appellent Fanchenn ! Fanchon c'était il y a longtemps ! et elle l'embrasse sur les joues.

— Asseyez-vous ! je vous amène du cidre et des galettes à la saucisse.

10 minutes après, autour de la table où sont disposés des bolées, un cruchon de cidre, des galettes fumantes et des saucisses grillées dans la cheminée, ils entament la conversation.

— Parlons sérieusement, dit Fanchenn. Ton oncle t'a raconté ce que je lui ai proposé ?

Devant le signe de négation d'Alexandre, elle reprend.

— Alors, voilà ! Mon défunt mari, Jean était propriétaire à parts égales avec moi et patron d'un Chaland de Rance. Il faisait le batelier et aussi un peu de cabotage à la belle saison, quand ces cochons d'Anglais n'attaquaient pas nos côtes. Jean est mort (elle se signe) en 1819, il y a déjà 14 ans. Son second a repris la barre et a continué le commerce sous contrat avec moi. Je n'ai pas de fils, qu'une fille qui ne peut pas prendre la suite. Mais le second se fait vieux et prend sa retraite dans 5 ou 6 mois, le temps que je trouve un repreneur qui me rachète l'Emile Louise ou que je me mette en contrat avec quelqu'un d'autre. Si j'attends trop longtemps je ne pourrai plus garder mon droit sur le bateau ni faire commerce puisque la loi ne m'y autorisera plus. Et le Chaland pourrira sur la grève.

L'idée commence à se frayer un chemin dans le cerveau d'Alexandre. « Je ne peux pas acheter un bateau – pense-t-il –, je n'ai pas assez d'argent. La vente de la maison de mon père m'a peu rapporté et est à l'abri chez le notaire. Et je donnerai sa part à Gaëdig. »

— Je sais ce que tu penses, mon gars, dit la Fanchenn, je sais bien que t'as pas le sou ! mais on m'a dit le plus grand bien de toi en tant que marin. Et avec un regard en coin vers l'oncle : « Il paraît que t'es un bon marin, tu sais te faire entendre, même si tu n'as jamais commandé. »

Alexandre regarde son oncle puis la Fanchenn et comprend :

— Vous voulez que je prenne la mer avec votre bateau ? La Fanchenn sourit à son air incrédule :

— La mer, oui, quand la saison y est ! mais surtout les rivières et les canaux. Ils sont tout nouveaux et les places sont encore à prendre. On peut y faire son beurre.

Enfin, je dirais son vin !

— Batelier ? Mais je suis marin ! dit-il d'un air offusqué !

— Holà ! le prends pas comme ça, fiston ! c'est aussi de la navigation ! mon Jean savait y faire sur l'Île et la Vilaine. Maintenant, on va de Saint-Malo à Redon en prenant ces fameux canaux et les bouts de rivière. Et quand le temps s'y prête, tu pars au cabotage sur la côte de Saint-Malo à Brest.

Il réfléchit et regarde l'oncle.

— Qu'en penses-tu, Oncle ?

— Je pense que tu devrais accepter. Moi je suis au courant depuis un bon bout de temps et j'ai eu le temps d'y penser. C'est pour ça que je t'ai amené ici. Parce que c'est un bon contrat qu'elle te propose. Écoute avant de dire non !

La Fanchenn reprend :

— Je te laisse le bateau sans frais à ta charge et on partage les bénéfices du commerce à 30/70. 30 pour toi, bien sûr. Et tu peux commercer pour ton compte tant que je récupère ma mise à chaque voyage. Moi, ce qui m'intéresse c'est le vin de Gascogne et le sel de Guérande. À Saint-Malo, tu charges de la morue salée.

— Tu connais, hein ? Du cidre et du grain pour Rennes et Redon. À Redon, tu charges mon vin et le sel et tu rentres à Saint-Malo où je me charge de ta cargaison à terre. Qu'en dis-tu ?

Il est dubitatif, Alexandre, mais à 20 ans on n'a pas toujours ce genre d'opportunité !

— Mais je ne connais rien aux canaux et aux rivières, moi ! dit-il. Tu vas apprendre avec le second du Jean. Il veut bien rester encore quelques semaines, voire quelques mois. Bien sûr, tu partageras le bénéfice avec lui.

— D'accord, finit-il par dire. J'accepte.

Et la poignée de main qui scelle leur entente vaut tous les contrats. On boit la goutte et les deux hommes repartent.

Il se fait tard, mais ils sont heureux tous les deux : l'oncle, parce qu'il a fait quelque chose de bon pour son neveu qu'il aime comme un fils, et Alexandre, parce qu'on le considère comme un homme honnête et un marin de qualité à seulement 20 ans.

Quelques jours plus tard, Alexandre se rend à Saint-Michel. Il a hâte de raconter tout ça à Gaëdig.

Quand il arrive à la maison d'Anne, Gaëdig n'est pas là. Elle travaille à l'autre bout du village. Il est impatient de lui dire ce qui lui arrive !

À son retour à la maison à la tombée de la nuit, elle est surprise et tellement heureuse de voir son frère !

— Il lui dit :

— Je reprends la navigation dans un mois, ma petite Marguerite !

Une lueur d'angoisse voile ses yeux noirs !

— Oh non, tu ne vas pas repartir sur les mers et me laisser encore dans l'angoisse ! Devant sa peur, il ne peut retenir un grand sourire !

— Ne t'inquiète pas, petite sœur. Je pars, mais je ne serai pas loin.

Et de lui raconter ce qu'on lui a proposé. Elle est heureuse pour lui. Il va naviguer (certes, sur des rivières et des canaux) et restera à proximité. Quel soulagement !

Le temps s'écoule de nouveau, lentement pour Gaëdig qui travaille toujours chez Catherine qui lui donne de plus en plus de pièces à ravauder, ces yeux ne lui permettant plus de fixer les plus petits accrocs. Elle garde pour elle les gros travaux.

En ce 8 août 1834, Gaëdig fête ses 18 ans. Elle est belle et toujours joyeuse. Elle travaille dur pour ramener quelques francs chaque semaine.

Et elle brode son trousseau en rêvant à celui qui fera battre son cœur. Il ressemble en même temps à tous les beaux gars qu'elle connaît. Un mélange d'Alexandre, de Guillaume le sabotier qui vient au marché une fois par mois livrer ses magnifiques sabots peints de sa main et qui lui sourit d'un air timide en rougissant chaque fois qu'il la croise. Il ressemble aussi à l'oncle Charles pour sa force et sa bonhomie.

Un beau dimanche matin de septembre, Alexandre arrive à Saint-Michel en charrette. Il est accompagné ! toute la maisonnée sort sur le pas de la porte. Ils sont tous curieux de voir qui arrive ainsi avec lui.

Il saute à terre et s'avance vers sa sœur qui lui saute au coup comme à son habitude. Il embrasse Julie puis Anne-Guillemette. Oncle Charles n'est pas là. Il est parti chasser avec l'autre Charles, le petit comme on l'appelle, bien qu'il ait déjà 12 ans. Alexandre se retourne vers son compagnon qui est descendu de la charrette et se tient en retrait.

— Approche que je te présente ! lui dit-il.

L'homme fait quelques pas et s'arrête à côté d'Alexandre :

— Je vous présente Yves Kerloc'h. Un gars avec qui j'ai navigué et que j'ai retrouvé à Saint-Malo. En attendant son prochain embarquement, il fait un peu le cultivateur pour gagner des sous.

— Yves, je te présente ma marâtre, Julie, et sa sœur Anne-Guillemette.

Yves fait un signe de tête aux deux femmes qui répondent par une discrète et timide courbette.

— Et voici ma sœur Marguerite que l'on surnomme Gaëdig.

Le rouge monte aux joues de la jeune fille. Yves la considère de ses yeux bruns et lui fait un signe de tête.

« Qu'elle est jolie et fraîche, la petite sœur d'Alexandre ! » pense-t-il. Il lui fait son plus beau sourire.

Gaëdig se montre beaucoup plus réservée que de coutume. Elle qui sautille de joie autour de son grand frère dès qu'il apparaît, reste sur la réserve.

« Qu'il a l'air fort et avenant ! c'est un homme mûr, au visage marqué par le vent, les embruns et le soleil comme seuls en ont les marins ! »

Leurs yeux se cherchent déjà. Gaëdig vit ses premiers émois amoureux. La journée lui paraît passer trop rapidement. Elle ne parle pas beaucoup ; ce qui n'est pas habituel. Alexandre la chambre un peu :

— Ma Gaëdig ! tu as perdu ta langue ? Le chat l'a mangée ? Elle répond en marmonnant :

— Mais non ! je suis juste un peu fatiguée. Tu sais que je travaille tous les jours chez Catherine Tallec et que je n'ai que le dimanche pour moi. Mais il y a beaucoup de choses à faire ici. Je suis heureuse de te voir, mon frère !

Oncle Charles rentre de la chasse avec petit Charles. On leur présente Yves.

L'oncle a rapporté 2 garennes et des pigeons.

Les femmes ont déjà préparé le kig ha farz. Et il y en a pour tout le monde. On dresse la table dehors au soleil de septembre.

Oncle Charles pose des questions à Yves :

— Alors, comme ça t'es marin aussi ! t'es d'où ? t'as pas le parler de par chez nous. Yves répond de bonne grâce :

— Je viens de Cléden-Cap-Sizun dans le Finistère. Tout au bout, près de la Pointe du Raz. Ma famille cultive ses terres depuis des générations. Mes parents sont morts tous les deux et mon frère Jean-Michel dirige la ferme et cultive les terres avec sa femme Marie-Marguerite. Ma sœur Marie-Catherine y vit aussi et s'occupe du cheptel avec son mari Alain.

Il s'arrête pour boire un peu de cidre et reprend :

— Moi, j'avais envie de voyager, de parcourir les mers. Et avec le frère et sa femme, je n'avais pas vraiment le choix : ils sont pingres et n'ont pas envie de partager avec le petit frère. Même si une partie des terres et des bêtes me revient. On verra plus tard, quand je serai trop vieux pour tenir sur un pont de navire.

Gaëdig écoute la conversation en ouvrant de grands yeux. Un marin qui a déjà tant voyagé ! elle ne tient plus et lui demande timidement :

— Où êtes-vous allés ? quels pays avez-vous vus ?

Il lui sourit et raconte :

— Eh bien, j'ai fait le même voyage qu'Alexandre en Méditerranée. C'est là qu'on s'est connus. Et avant j'avais touché les Amériques, mais plus au sud que lui. Le Brésil, l'Argentine, le Pérou et le Chili de l'autre côté. Il faut passer le cap Horn et le temps y est horrible.

Je suis allé en Asie aussi : en Chine, en Inde. Ce sont de longs voyages, mais tout est fabuleux !

Gaëdig regarde son frère et Yves d'un air ébahi !

Yves est ravi de l'impressionner ! Dame, une jolie fille pareille ! il ne lui racontera pas les virées avec les autres marins, les bagarres dans les bouges, les bordels avec leurs filles si accueillantes, l'alcool, le jeu. Non, elle est trop innocente pour entendre tout ça.

Il se fait tard, les deux gaillards doivent rentrer à Loguivy.

Ils prennent congé de la famille en promettant de revenir rapidement. Sur le chemin du retour, Yves demande à Alexandre :

— Ta jolie jeune sœur est-elle engagée ? Promise ?

— Non, lui répond-il, pourquoi ?

— Me permets-tu de lui rendre visite un jour prochain ?

— Tant que tu respectes ma Gaëdig, je n'y vois pas d'inconvénient.

Cet accord signe le changement de vie de Gaëdig. Une vie pas tout à fait ordinaire, difficile et pleine de joie et de souffrance.

Saint-Michel-en-Grève, 1835-1845

Femme, Yves est revenu régulièrement à Saint-Michel-en-Grève faire sa cour à Gaëdig. Elle est subjuguée par cet homme qui lui conte fleurette presque tous les dimanches. Il est plus grand qu'elle, il a des cheveux noirs et drus, des yeux un peu bridés, marron foncé, des mains larges et calleuses.

Les épaules carrées et la taille fine, il est ce qu'elle a vu de plus beau chez un homme.

En mars 1835, il demande à parler à Alexandre. Devant une chopine, Yves commence :

— J'ai 31 ans cette année et je veux fonder une famille. Je suis marin, certes, mais je suis héritier d'une partie des terres et des fermages de mes parents au Finistère. Voilà. Je rends visite à Margueritte, ta sœur, régulièrement depuis le mois de septembre dernier et je te demande sa main.

Alexandre prend le temps de répondre :

— Est-ce que Gaëdig est d'accord ? Tu lui as demandé si elle veut t'épouser ? demande ce dernier, même s'il n'a pas vraiment besoin de demander l'accord de sa sœur pour la marier.

— Non, répond Yves. Mais elle n'est pas réticente à mes avances.

Sous le regard noir que lui lance soudain son ami, il reprend :

— En tout bien tout honneur, sois rassuré. Je ne l'ai jamais vue seule. Elle a toujours été accompagnée d'une de ses petites sœurs ou de votre marâtre quand nous étions à la maison.

Rassuré, il l'est, Alexandre. Il n'aurait pas toléré de savoir sa Gaëdig sans protection entre les mains d'un homme fait comme Yves.

— Si elle est d'accord, alors je le suis ! mais tu dois embarquer, non ?

— Oui, mais l'armement a pris du retard, et je ne sais pas quand on pourra appareiller pour l'Amérique du Nord.

Alexandre lui propose alors :

— Si tu deviens mon beau-frère, je peux te procurer un embarquement sur mon nouveau bateau. Je suis patron de la « Marie Jeanne » que j'ai acheté en part à deux avec la Fanchenn. Cette fois-ci, j'ai obtenu 65/35. 65 pour moi ! et quand je pourrai reprendre les 35 restants le bateau sera entièrement à moi.

Yves réfléchit vite :

— Du cabotage et du fluvial, c'est ça ?

— Oui. Un peu plus de cabotage sur toute la côte bretonne. Et du fluvial pour ramener le vin et le sel de Guérande. Un peu de fer de Tolède aussi.

— C'est d'accord, dit Yves. Mais sous contrat jusqu'à mon embarquement au long cours. Je ne peux pas me défausser.

— D'accord ! et Alexandre lui tend sa main ouverte qu'Yves frappe en signe d'assentiment.

Et aux deux compères de commander une autre chopine.

Le dimanche suivant, juste avant qu'Alexandre reparte pour Saint-Malo, ils se rendent à Saint-Michel. Gaëdig les accueille avec un large sourire, mais aussi avec un peu de crainte. Que se passe-t-il pour que les deux viennent ici ?

Une fois que tout le monde est entré dans la maison, Alexandre se lance :

— Gaëdig. Tu as reçu des visites de mon ami Yves régulièrement depuis septembre dernier et tu n'y as pas vu d'inconvénient.

Intimidée, elle pense aussitôt avoir commis une faute !

— Oui, bredouille-t-elle. C'est vrai. Mais je n'ai rien fait de mal, je t'assure !

— Gaëdig, petite sœur, ne sois pas inquiète ! je suis venu avec Yves pour une seule raison. Il m'a demandé ta main. Je suis d'accord, mais c'est à toi de décider. C'est pourquoi nous sommes là tous les deux.

Elle a du mal à comprendre, la jeune Margueritte. Ma main ? Il veut m'épouser ? Elle se ressaisit :

— Oui ! je veux bien le marier ! oui ! et elle rougit plus que jamais.

Toute la famille présente lance un cri de joie ! ils sont heureux pour elle.

Ça fera de la place pour les plus jeunes, pense Julie qui, même si elle aime Gaëdig, doit penser à ses deux filles. Son gars à 13 ans est déjà parti en mer pêcher la sardine. Il rentre régulièrement, car les campagnes sont proches des côtes et il ne part jamais très longtemps. Et puis, ils ont bien espéré la marier au Kerloc'h. C'est un homme et il a du bien au Finistère. Des terres, des bêtes et ils ne sont que trois à se partager l'héritage.

Yves a l'air d'apprécier Gaëdig. Il sait qu'Alexandre est patron pilote, quasi-propriétaire de son bateau. Ce n'est pas rien. Et puis, après quelques mois de vie à terre avec sa jolie épouse, il repartira sur les mers. Il aura un foyer en rentrant.

Elle, elle est amoureuse et déjà soumise aux décisions familiales.

Maintenant, il faut s'organiser. Fixer la date, publier les bans à Saint-Michel-en-Grève et à Cléden-Cap-Sizun, inviter les amis, terminer son trousseau, trouver une demeure… que de choses à préparer tout en travaillant et en s'occupant de la maison ! Mais ça, elle en laissera un peu à ses petites sœurs. À leur âge, elle faisait plus que sa part.

Yves doit partir à Cléden pour annoncer la nouvelle à son frère et sa sœur. Il n'a pas besoin de leur autorisation, mais veut les inviter à la noce.

Ils tombent d'accord pour le 17 août prochain, un peu après les 19 ans de Gaëdig, après le gros des moissons aussi.

Il part donc en mai 1835 pour son Finistère natal avec les documents à remettre à l'état civil pour recevoir d'éventuelles oppositions. Mais, même s'il a connu de nombreuses femmes un peu partout dans les contrées où il s'est arrêté, il n'a jamais fait de promesse de mariage en Bretagne !

De son côté, Gaëdig entreprendra les mêmes démarches, aidée par Julie. Dame ! Elle est bien jeune, la future mariée, et pas du tout au courant des us et coutumes en cette occasion. Les bans seront publiés les 19 et 26 juillet et ils se marieront le 17 août 1835 à 10 heures du matin.

Elle est rayonnante, Gaëdig. Elle a préparé sa tenue avec soin. Elle revêt l'habit traditionnel réservé aux grandes fêtes. Elle l'a amélioré aussi, avec l'aide de Julie et d'Anne-Guillemette. Elle a confectionné un voile en dentelle dont les ailes courtes seront fixées par une couronne de fleurs d'oranger sur sa coiffe blanche. Elle a brodé son tablier et ajouté des rubans de couleur sur le bas de sa jupe en velours noir et or. Son frère lui a offert une paire de gants blancs qui ferment à l'aide de petits boutons de nacre et des chaussures en cuir gris, qu'elle porte un peu chaque jour pour ne pas avoir mal aux pieds en dansant.

Yves a fière allure dans ses pantalons noirs et sa veste brodée rehaussée de deux rangées de boutons argentés sur une chemise blanche en fin tissu de lin. Il porte également un chapeau noir qui lui va à peu près.

Tous sont endimanchés. Les femmes dans leurs jolies robes et les hommes dans leurs costumes. On a sorti et aéré les habits qui ne sont pas souvent portés. Il a fallu en ajuster certains, car les ventres et les fesses ne rentraient plus dedans.

Il y en a eu des fous rires et des grognements.

Les enfants sont jolis à croquer. Les petites filles portent les mêmes couleurs que la mariée et les garçons ressemblent au marié en miniature !

Les femmes partent ensemble de la ferme où habite encore Gaëdig vers la mairie où elles doivent rejoindre les hommes qui viennent... du café !

Aucun proche du futur marié ni aucun ami du Finistère ne sont présents. Ils n'ont pas apprécié que le jeune frère se marie à l'extérieur de leur village. Et ça fait des frais de se déplacer si loin !

Yves voit les atours de sa future épouse pour la première fois et pense qu'il a fait un bon choix. Elle est belle, en plus de la petite, mais réelle dot que lui font son oncle et son frère. Alexandre a tenu à laisser chez le notaire, la part de la vente de la maison revenant à sa sœur. On ne sait jamais ! Quand elle en aura besoin, ils en parleront ensemble.

Certes, ce n'est pas un apport énorme, mais il s'en contentera ! Un trousseau complet, les ustensiles de cuisine courants, un lit-clos et un coffre fabriqués et sculptés par l'oncle Charles, il n'a pas à se plaindre. Lui, il amène une promesse de terre et de cheptel. Une promesse ! il lui en fera tellement.

Après le mariage devant l'officier de l'État civil, ils se dirigent vers l'église à quelques pas de là. La cérémonie est plus solennelle et impressionne Gaëdig.

Quand tout est terminé, ils sortent tous en procession pour rejoindre la cour de l'auberge de Jean-Marie, un des témoins d'Yves, accompagnés des musiciens.

Il y a des sonneurs de biniou, des joueurs de bombarde et un violoniste. Tous sont des amis invités à la noce. On mange et on boit (beaucoup) sous les arbres de la cour. Chaque plat est annoncé par les musiciens.

Gaëdig est radieuse. Elle a chaud et Yves ne la lâche pas d'une semelle. Il a les yeux pétillants et un sourire carnassier. Elle sait que quand ils se retireront dans la petite maison qu'elle a dénichée à côté de l'atelier d'oncle Charles, quand les parents et amis leur auront apporté la soupe au lait dans leur lit, ils se retrouveront seuls et là commencera sa vie de femme.

Elle a peur, mais en même temps elle est curieuse de connaître enfin le mystère qui entoure la fameuse « nuit de noces ».

En attendant, elle danse les danses d'honneur et tout d'abord la danse des nouveaux épousés. Puis se succèdent les gavottes et farandoles.

Après avoir festoyé des heures depuis midi, tous se reposent dans la fraîcheur relative du soir tombant. Les enfants dorment sur les talus, les femmes se sont regroupées par affinité pour médire les unes des autres. Les hommes fument et continuent de boire le cidre en parlant affaires ou politique. Gaëdig va de groupe en groupe, parle à chacun. Elle est fatiguée, mais ne le montre pas. Il ne faut pas qu'elle devienne la cible des médisances.

Quand le soleil se couche, on reprend les libations. On mange, on boit, on danse et on recommence. Quand la lune est haute dans le ciel, les mariés s'éclipsent, faisant semblant de croire qu'ils passeront inaperçus. Mais les jeunes les observent depuis un bon moment et donnent l'alerte dès qu'ils s'éloignent.

Lorsqu'ils arrivent chez eux, Julie et Anne-Guillemette, suivies de proches amis, entrent dans la pièce unique avec deux bols de soupe au lait qu'elles leur servent au lit comme il se doit.

Ils avalent leur soupe et rendent les bols aux femmes et tout le monde sort. On ferme la porte et on rit. Dame ! il va s'en passer des choses là-dedans !

— À moins qu'il ait trop bu, le gars !

Et on reprend le chemin de l'auberge. Certains rentrent à la maison. Demain, on reprendra où l'on en était, le travail aux champs n'est pas urgent !

Dans la maisonnette, à l'abri dans le lit-clos, Gaëdig attend. Elle ne sait pas quoi faire. Mais lui sait. Il a l'habitude des femmes. Même avec une pucelle, il sait y faire.

Il s'approche du lit, et se déshabille. Il est en forme le bougre ! elle prend peur, mais se raisonne ! elle n'est pas la première ni ne sera la dernière. Allons, il faut contenter son homme !

Il se couche à son côté et se tournant vers elle, retrousse sa chemise de nuit. Sans la moindre hésitation, il lui écarte les jambes et, se retrouvant au-dessus, la pénètre à coups de reins brutaux et furieux.

Elle ne peut retenir un cri de douleur et d'effroi. Gaëdig n'est désormais plus une enfant. Elle est femme et devra se soumettre aux désirs de son époux !

Elle ne pensait pas que ce fût si douloureux. Et quel plaisir en ont retiré toutes ces femmes qui racontent leurs ébats d'un air entendu ?

Quand il a pris son plaisir, il s'endort rapidement et se met à ronfler.

— C'est ça une nuit de noces ? pense-t-elle avant de s'endormir à son tour.

Le lendemain, elle se lève tôt et va faire ses ablutions dans le cagibi attenant à la maison dans le petit jardin donnant sur l'arrière. La cabane en bois a été montée à sa demande par l'oncle Charles autour de la pompe à bras. Là, elle pourra se laver à l'eau froide quand il ne gèlera pas et aussi faire ses besoins dans le pot de chambre qu'elle y a placé. Elle n'a jamais pu se résoudre à partager ce moment intime avec les autres occupants de la ferme, elle ne le fera certes pas avec son époux.

Quand elle se sent un peu plus propre, elle retourne dans la maison. Yves dort toujours, étalé en travers du lit. Elle se dirige vers l'auberge où quelques personnes sont déjà attablées autour de bols de café et de tartines de pain beurrées. Julie et Anne-Guillemette sont là. Elles se précipitent vers Gaëdig et lui demandent comment elle va :

— J'ai bien dormi, répond la jeune mariée.

Les deux femmes se regardent :

— Tu as bien dormi ? répète Julie. C'est tout ?

— Non. Ce n'est pas tout ! Yves dort et ronfle comme un goret. Il m'a fait mal sans m'avertir et s'est effondré ! Voilà ! vous auriez pu m'en dire un peu plus, non ? dit-elle avec sa franchise habituelle.

Elles sont gênées, mais Julie répond à Gaëdig.

— Ma pauvre petite, tu es tombée sur un rustre et ce n'était pas écrit sur sa figure ! mais la prochaine fois tu n'auras pas mal, même si je doute que ce soit un jour agréable. C'est un homme habitué aux femmes dans les ports. Mais peut-être deviendra-t-il quand même plus doux.

Plus doux, avec Gaëdig, il ne le deviendra jamais.

Après les deux jours de libations et de fête, la routine s'installe de nouveau. Gaëdig retourne à ses travaux d'aiguille et Yves part avec Alexandre sur la « Marie-Jeanne ». Ils ne rentreront que dans 2, voire 3 semaines. Elle est tranquille, Gaëdig. Les quelques soirées qu'elle a passées avec son époux ne lui ont pas vraiment apporté joie et amour, comme elle l'imaginait. Il n'est pas méchant avec elle, mais il sort boire au café de Saint-Michel avec d'autres gars et est rentré souvent saoul comme cochon. Installé au lit, il la prend sans égard et s'endort.

Elle a vite fait de comprendre que leur vie ne sera jamais empreinte de tendresse. Une chance, il ne la frappe pas, comme certains le font au village. Mais elle est jeune, notre petite Marguerite, et elle rêve encore d'amour. Elle en a vu des couples se former ici. Il y en a qui sont amoureux même s'ils ne le montrent pas devant les gens. D'autres paraissent indifférents. Elle ne sait pas ce qui est le mieux.

En attendant, il est parti et elle tient sa petite maison comme elle l'a toujours fait ailleurs.

Alexandre a demandé la main de la fille Marie-Françoise, la propriétaire du premier bateau qu'il a commandé, « l'Emile Louise ». Jeanne Françoise n'est pas jolie ni très intelligente, mais elle est dévouée et courageuse. Et en plus, elle apporte une belle dot. Ils se marieront en janvier prochain.

Julie et Anne-Guillemette lui rendent visite le soir quand elle rentre du travail ou passent la voir chez la ravaudeuse quand elles vendent au marché. Elles la trouvent un peu abattue :

— Qu'est-ce qu'il t'arrive, Gaëdig ? te voilà bien triste !

— Rien Julie. Ne vous inquiétez pas pour moi. Je suis juste un peu fatiguée avec l'hiver qui arrive si froid.

Les deux sœurs se lancent un regard de connivence :

— Vous n'auriez pas mis un petit Kerloc'h en route, par hasard ? demande Anne-Guillemette.

— Hé non ! ce n'est pas ça, répond-elle. Et pour ne rien laisser paraître, elle ajoute effrontément :

— Mais on y travaille !

Et toutes les trois de rire et de se pousser du coude ; mais tout le monde au village sait déjà que le gars du Finistère boit comme un trou et ne rêve que de repartir en mer. Après tout, c'est sa vie et il ne l'a jamais caché.

En cette soirée glaciale de décembre, Yves rentre à la maison, moins saoul que d'habitude :

— Marguerite, je repars en mer. J'ai enfin obtenu mon embarquement.

Elle le regarde, inquiète :

— Tu pars longtemps ? Tu ne navigues plus avec Alexandre ?

— Non, dit-il. C'était convenu comme ça dès le début. Je travaillais sur la « Marie-Jeanne » en attendant un engagement au long cours. Je rejoins la « Caroline » dans 10 jours au Havre. Je connais le commandant. On part pour les Amériques.

— Si tôt ?

Gaëdig est interloquée. Ils sont mariés depuis 4 mois à peine, il a un bon travail et il part.

— Oui. Tu savais bien que j'étais marin quand tu as dit oui ! alors ne fais pas l'innocente !

Il est devenu un peu agressif tout à coup :

— Je te donne mon paquetage à mettre en ordre. C'est moi qui décide ce que j'emporte ou pas. Tu laves et tu raccommodes, c'est tout. Je veux que tout soit prêt après-demain. Je rejoins des gars à Lannion vendredi, dans trois jours, et on chemine ensemble jusqu'au Havre.

Elle ne sait plus quoi dire notre Gaëdig. Elle qui était si heureuse d'épouser un homme si beau. Les filles de son âge en étaient jalouses.

— Sois prudent. Je tiens à toi, lui dit-elle tout doucement. Tu pars longtemps ?

— Je ne sais pas au juste. Peut-être deux ans, un peu moins. Mais je navigue depuis bientôt 20 ans, je suis habitué aux longs voyages. Ne t'en fais pas. Je ressors et je rentre pour souper.

— Tu vas où ? demande ingénument Gaëdig.

— Je n'ai pas de compte à te rendre ! lui répond-il. Et il sort. Elle le suit du regard par la petite fenêtre et le voit se diriger vers le café.

Mariés depuis 4 mois et déjà séparés. Elle a du mal à y croire.

Le lendemain, il part retrouver Alexandre pour l'informer de son prochain embarquement. Le frère de Gaëdig est surpris :

— Déjà ? Tu laisses ton épouse si rapidement ? Et moi qui comptais sur toi à mon mariage !

— Bah, on fêtera ça à mon retour ! Alexandre est soucieux :

— Et Gaëdig, tu y as pensé ? Elle n'a que 19 ans et vous n'êtes mariés que depuis 4 mois.

Avec un sourire un brin cynique, Yves lui répond :

— Elle se débrouillera sans moi. Elle le savait que j'étais marin, bon sang ! et pas un marin d'eau douce ! et elle travaille avec mon autorisation désormais. Donc elle ne restera pas sans rien et ne sera pas une charge !

Alexandre serre les poings. Il commence à cerner le personnage. Il s'en voudra longtemps d'avoir présenté ce gus à sa petite sœur !

— Si tu dis ça pour moi, je suis aussi marin, propriétaire de mon bateau et avec assez d'argent pour en acheter un autre bientôt ! et tu n'as pas craché sur la bonne solde que je t'ai allouée tous ces derniers mois. On n'a plus grand-chose à se dire. Je veillerai sur ma sœur, ta femme, pendant ton absence. De combien de temps est ton engagement ?

— 18 mois minimum. Je pars pour les Amériques.

Alexandre n'a pas besoin d'en entendre plus. Il sait que plus rien ne le rapprochera de son nouveau beau-frère.

Yves rentre encore plus saoul que d'habitude. Il a dû dépenser tous ses gains gagnés à bord du bateau d'Alexandre. Gaëdig est déjà couchée, mais elle ne dort pas. Elle l'entend rentrer et se cogner à la table en pestant. Il s'affale, tout habillé, sur le lit, et se met à ronfler comme un sonneur.

Au petit matin, elle se lève dans le froid de décembre et attise le feu dans la cheminée. Elle déjeune de pain, de beurre et de lait chaud et s'habillant chaudement, elle s'en va vers l'atelier de Catherine qui l'accueille de son air toujours bienveillant :

— Alors, petite Marguerite, comment te portes-tu ce matin ?

— Aussi bien qu'il se doit, Catherine, Répond Gaëdig.

Mais Catherine sait déjà de quoi il retourne avec son mari, le Finistérien. Tout le monde sait qu'il passe ses soirées au café à jouer aux cartes et boire jusqu'à plus soif. Mais elle ne sait pas encore qu'il va partir et quitter la petite pour s'en aller faire le marin à l'autre bout du monde.

Gaëdig le lui dit :

— Puisque tout se sait rapidement, autant vous le dire moi-même. Yves embarque dans 10 jours au Havre pour 2 ans de voyage aux Amériques.

Catherine reste interdite :

— Il part ? Mais il n'est pas en contrat avec ton frère ?

— Si, mais Alexandre avait accepté qu'Yves attende un embarquement au long cours.

— Que vas-tu faire ? Retourner à la ferme de Charles ?

— Non. Je vais rester dans ma maison. Alexandre a négocié pour moi avec le propriétaire et l'a achetée en mon nom. Je peux subvenir à mes besoins puisque je travaille pour vous, je peux filer et donner mes fils à Julie pour qu'elle les vende au négociant. Et je suis tout près de vous et de l'atelier d'oncle Charles. Ce n'est pas comme si je n'avais rien. Et puis, de toute façon, il buvait son salaire les semaines de relâche. Alors je sais y faire pour économiser. Il n'a jamais trouvé mon bas de laine ! avoue-t-elle.

Après une semaine déroutante et fatigante pour Gaëdig qui doit s'occuper du départ de son époux et se soumettre à ses exigences, elle se retrouve seule.

Ce qui n'est pas pour lui déplaire même si l'amertume de s'être laissé aveugler l'a fait pleurer les premiers soirs.

Et dire qu'il a même eu le culot de lui demander de l'argent pour la route, ce qu'elle a refusé puisqu'elle n'en a pas. Il l'a même menacée des pires représailles s'il apprenait qu'elle s'est mal conduite.

Là, elle s'est rebiffée, la jeune Gaëdig.

— Pour qui me prends-tu ? On n'a jamais rien eu à dire de ma conduite avant que je te rencontre, ce n'est pas maintenant que ça va changer ! Et toi, resteras-tu sage et fidèle pendant tes escales ? Alors je ne veux plus entendre ce genre de propos !

Elle est rouge de colère, mais tient tête ! il a vite compris qu'il ne pourra pas la dompter si facilement ! Bah, tant pis, on verra dans deux ans ! Il est parti.

La vie reprend son cours. Alexandre se marie à la fille de la Fanchenn le 9 janvier 1836. Ils restent à Ploulec'h, ville natale de Jeanne-Françoise, à deux heures de marche de Saint-Michel. Son épouse est repasseuse et Alexandre continue de naviguer tant sur les canaux et rivières que sur mer en cabotage.

Gaëdig s'installe dans sa petite routine bien plaisante. Elle aime sa liberté et ne souffre pas trop de l'absence de son époux. En fait, elle ne souffre pas du tout d'être seule ! elle a le lit pour elle, elle n'est pas réveillée par ses désirs brutaux ni par ses ronflements. Toutes n'ont pas la chance d'avoir un frère qui lui fait confiance et lui laisse la liberté de vivre seule et de travailler. Sa maison est petite : une pièce à vivre avec une grande cheminée, une pièce qui lui sert de cuisine et de remise et une chambre. Elle a de l'eau à la pompe à la porte de la cuisine. Et surtout, c'est à elle !

Elle est sage et discrète comme se doit de l'être une femme de marin. Même à 19 ans.

Un soir du mois de mai, alors qu'elle rend visite à l'oncle Charles avant de rentrer chez elle, elle croise un jeune homme de son âge qu'elle a déjà remarqué plusieurs fois, mais qui ne lui a jamais adressé la parole.

Le gentil Guillaume, le Sabotier. Celui qui peint des fleurs sur ses sabots. Que fait-il ici ?

Il la regarde en rougissant comme un puceau de 14 ans :

— Bonsoir, mademoiselle, bafouille-t-il.

— Bonsoir, monsieur, lui répond Gaëdig qui s'efforce de ne pas rire. C'est madame.

L'oncle Charles sort de son atelier à l'instant :

— Bonsoir, Guillaume. Tu viens chercher ton bois ? Je t'ai préparé du merisier et bien sûr du frêne. Le merisier vient d'une commande que j'ai eue pour les meubles du château.

Il aperçoit Gaëdig qui est restée en retrait :

— Bah, entre donc ! tu es devenue muette, ma belle ?

Elle rentre dans l'atelier dont elle aime l'odeur de sciure et de colle. Guillaume entre à son tour.

— Gaëdig est ma nièce, dit-il à Guillaume qui sait très bien qui elle est. Guillaume est le sabotier qui vend au marché ici et à Ploulec'h.

Ainsi fait-il les présentations.

— Tu restes la nuit à l'auberge ? demande l'oncle.

— Oui. Je repars demain matin pour Ploubezre. Je reviens livrer la semaine prochaine.

Il charge ses morceaux de bois que l'oncle Charles a déjà enfermés dans un sac de toile et disparaît en bredouillant un « au revoir » à peine audible. Moqueuse, Gaëdig se tourne vers oncle Charles :

— Je lui ai fait peur ? pouffe-t-elle.

— Non, non. Il en pince pour toi depuis des années, mais comme il est d'une bonne famille il ne se serait jamais permis de t'accoster. Maintenant que tu es mariée, encore moins.

Elle en a le souffle coupé. En rentrant chez elle, elle s'assied sur son coffre et reprend ses esprits.

— Mince alors ! si elle s'en était doutée. Mais qu'aurait-elle fait ? Elle n'aurait pas été autorisée à lui adresser la parole non plus. Les jeunes filles bien élevées ne font pas ça ! En attendant, les jeunes filles bien élevées subissent ce qu'on leur a inculqué. Et si elle a un jour tendance à l'oublier, sa vie quotidienne le lui rappellera.

Cette année 1836 marquera un nouveau départ dans la vie de Gaëdig, même si elle n'en a pas le moindre soupçon.

Continuant de ravauder à l'atelier, elle rêvasse un peu.

Elle ne s'ennuie pas. Elle voit peu Alexandre dont la femme attend un enfant pour la fin de l'année. Mais elle sait qu'il est là. Julie et Anne-Guillemette viennent toujours lui rendre visite et ce sont des moments bien drôles. Avec elles, elle est naturelle. Elle ne montre aucune inquiétude face à l'absence de son époux parti pour les Amériques et le Canada. Mais elle n'en tait pas moins ce qu'elle sait de Guillaume le Sabotier.

Elle passe Noël chez elles avec son frère et ses sœurs. Elle se sent redevenir enfant. Alexandre n'est pas là, son épouse ayant accouché le 12 d'un robuste garçon nommé… Alexandre. Ça va devenir un peu confus dans sa tête s'ils continuent tous à baptiser leurs enfants du même prénom. Même si elle leur donne des numéros, elle ne saura pas s'en souvenir.

Une nouvelle année commence. Il fait encore très froid cet hiver. Après un été pluvieux et gris pendant lequel les moissons n'ont pas été abondantes comme l'année passée. Elle doit travailler encore plus pour assurer son quotidien. Elle ravaude chez Catherine, prend de l'ouvrage à la maison, file le lin quand elle a fini. Elle aide un peu aux champs aussi quand arrive le printemps.

Elle s'endort vite le soir dans son lit-clos rien que pour elle. Ça, elle l'apprécie vraiment. Quelquefois, la solitude lui pèse. Elle aurait aimé avoir un mari comme son frère, qui naviguerait, mais rentrerait souvent à la maison.

Mais non, il a fallu qu'elle s'amourache d'un qui n'aime que les grands voyages qui l'emmènent au bout du monde pendant des mois.

En août, elle fête ses 21 ans. Elle est toujours aussi belle, mais mariée ! aux fêtes elle danse avec son frère Charles ou avec ses sœurs, mais ne peut accepter de danser avec les gars qu'elle connaît depuis si longtemps.

Un soir, début octobre 1837, elle rentre chez elle et trouve la porte ouverte. Elle a peur, peu habituée qu'elle est à trouver tout béant. Oncle Charles sort de son atelier et vient vers elle.

— Il est rentré, lui dit-il.

— Qui est rentré chez moi ? interroge-t-elle.

— Mais Yves, ton époux ! il est arrivé cet après-midi. Son époux. Cet étranger avec qui elle a partagé sa couche pendant 4 mois avant qu'il ne parte pour presque 2 ans sans lui donner de nouvelles. Maintenant, il est là. Elle ne sait que penser. Comment interpréter cet agacement qui l'étreint ?

Elle s'approche doucement de la porte et entre. Il est là. Attablé devant une chopine. Plus maigre et plus sale que dans son souvenir. Au moins, il n'a pas perdu son habitude de boire.

Il lève la tête à son arrivée et lui sourit :

— Voilà mon épouse ! encore plus belle que dans mon souvenir. Approche, jolie Gaëdig. Viens saluer ton époux de retour des terres lointaines ! clame-t-il avec grandiloquence, la langue pâteuse.

Elle s'exécute. Il l'attrape par le bras et l'assied sur ses genoux.

— Alors, il paraît que tu as été une gentille et fidèle petite femme, ma douce.

— Qui t'a si bien renseigné ? lui demande-t-elle en lui faisant face.

— Mais tout le village m'en a parlé.

— Tout le village était à t'attendre au bistroquet pour te parler de moi ? Ils n'ont donc rien d'autre à faire ?

Il lui lance un regard dur, voire haineux :

— Tu n'as rien perdu de ton arrogance, ma chère femme. Mais tu vas un peu fermer ton caquet. Je suis là pour un bout de temps et il va falloir t'y faire. Tu ravaudes toujours pour la vieille bigleuse ?

— Pour Catherine Tallec, oui. Il fallait bien que je mange et que je paie ce que je dois pendant que tu étais parti sans rien me laisser. Et je ravaude ici aussi quand il faut. Je file le soir à la veillée avec les autres femmes.

— Ne change rien. C'est bien comme ça. Tu gagnes ton pain et je ne t'ai pas dans les jambes pendant que je me repose.

Les bases de leur nouvelle vie commune sont jetées. Gaëdig est quand même bien contente qu'il ne lui interdise pas de travailler. C'est un travail qu'elle aime, même si c'est pénible. Et à l'atelier, elle est libre.

Le soir étant tombé, elle met la soupe à chauffer et cuit quelques galettes. Elle sort des œufs et du lard et met la table, pendant qu'Yves se chauffe les pieds à la cheminée. Il faudra qu'elle prévoie plus à manger. Pour la boisson, il saura se débrouiller, elle en est sûre.

Après avoir débarrassé, elle prend son rouet pour commencer à filer, mais il l'en empêche :

— Non, non, ma belle. Tu viens au lit avec ton cher époux !

Elle ne peut pas se défiler. Elle se change et monte dans le lit-clos. Son lit ! maintenant, elle va devoir lui en céder une partie.

Comme dans son lointain souvenir, il la prend avec rudesse sans préliminaires et s'écroule dans son sommeil de soiffard.

La vie reprend différemment son cours, mais elle s'y fait. Il faut bien. Un matin, elle se sent mal. Elle a mal au cœur. Elle est effrayée : serait-ce les prémices d'une grossesse qu'elle n'a pas désirée ?

Elle sera vite renseignée sur son état. En novembre, après avoir tant de fois couru derrière la maison pour rendre son déjeuner, elle a la confirmation de ce qu'elle pensait. Elle a du retard. Elle est enceinte.

Quand Yves rentre d'elle ne sait où le soir, elle le lui annonce :

— J'attends un enfant.

Il a l'air étonné :

— Tu es sûre ?

— Dame, oui ! des nausées tous les matins et un retard d'un mois, oui, j'en suis sûre.

Du coup, il passe de l'étonnement à la joie.

— Un petit Kerloc'h ! je vais avoir un petit Kerloc'h.

— NOUS allons avoir un enfant. Je vais le porter pendant encore 8 mois, le nourrir et l'élever. Et ce sera peut-être une fille, qui sait.

Elle sait qu'elle le provoque, mais il n'osera rien lui dire ou lui faire. Elle en a déjà parlé à Julie qui ne tardera pas à le raconter à toute la famille et aux proches.

Elle passe l'hiver sans d'autres problèmes. Il n'est pas toujours là, prétextant du travail loin de Saint-Michel. En tout cas, il ne navigue plus avec Alexandre qui ne lui adresse plus la parole.

En février 1837, il lui annonce qu'il reprend la mer encore une fois. Pour les Indes et l'Asie cette fois. Il partira en mars pour 1 an en Méditerranée.

Gaëdig se sent bafouée, mais en même temps soulagée de ne pas avoir à gérer son travail, sa maison, un enfant et un mari comme le sien. Elle pourra peut-être s'arranger avec Julie pour s'organiser.

Yves repart sans avoir laissé aucun subside à sa femme pourtant enceinte. Elle travaillera dur. Trop.

Le 19 juillet, elle donne naissance à une toute petite créature. Une fille qu'elle appellera Marie-Jeanne. Marie comme le deuxième prénom de son frère, le parrain, et Jeanne la cousine qui sera aussi la marraine de la petite. C'est un ami d'oncle Charles, Jean Huon, le cabaretier du bourg, qui fait la déclaration de l'enfant à l'état civil. Il devra y retourner le lendemain, le 20, pour déclarer le décès de la petite qui n'aura vécu que le temps de pousser un faible cri. Pour affronter tout ça, elle est seule.

Gaëdig est épuisée, mais elle a du lait. Elle allaitera la petite des voisins de la ferme contre de la nourriture saine et fortifiante, et ravaudera chez elle les habits que Catherine lui apporte.

Pendant tout ce temps, elle a souvent pensé à Guillaume le sabotier. Il l'a saluée de loin avec un gentil sourire toutes les fois qu'ils se sont croisés. C'est tout.

En mars de l'année 1839, Yves revient du sud où il a navigué au cabotage pendant 13 mois. Il sait déjà en arrivant que son enfant n'a pas vécu. Il a reçu des nouvelles d'un gars de Ploulec'h qui connaît Alexandre et descendait à Marseille.

Il n'est donc pas surpris, mais n'a aucun geste de compassion envers Gaëdig. Il lui dit juste qu'ils en feront un autre plus robuste.

Et la vie de tous les jours reprend. Yves cette fois a trouvé un embarquement sur un caboteur qui fait la côte bretonne au départ de Brest vers Bordeaux et retour. Il part moins longtemps. 2 mois maximum. Il rentre à Saint-Michel régulièrement.

Gaëdig allaite toujours la fille des voisins, mais devra la sevrer rapidement. Ses parents quittent leur fermage pour l'intérieur des terres où ils rejoignent leur famille.

Elle est un peu désœuvrée et doit de nouveau s'organiser seule. Mais quelle vie, quand même ! elle adore être seule chez elle, mais aimerait quand même partager son quotidien avec quelqu'un qui la respecterait et l'aimerait.

Elle reprend son travail et continue à filer aux veillées.

Maintenant, elle a aussi des choses à raconter. Des histoires que les plus jeunes ne comprennent pas, mais qu'elle connaît. Chacune à son tour !

Les vieilles savent bien le comportement du Finistérien avec sa jeune femme. C'est un *boit-sans-soif.* Avides de ragots tout neufs, elles la poussent à raconter ses nuits.

Gaëdig ne le prend pas mal. C'est comme ça entre femme. On a enfin la liberté de dire ce qu'on a sur le cœur.

— Il ne faut pas croire que parce qu'il est plus âgé que moi qu'il est viril, dit-elle un peu rouge. En fait, elle n'est même pas sûre de savoir ce que veut dire viril. Tant pis. Elle se lance.

— Il m'attrape, fait son affaire et s'écroule en ronflant. Tellement vite que je n'ai même pas eu le temps de souffler la bougie !

Elles se marrent, les vieilles. Julie est triste pour sa belle-fille si jeune et déjà désabusée. Mais Gaëdig est forte. Elle se remettra de la perte de son premier enfant. Elle en aura d'autres. Et comme elle n'allaite plus, elle est de nouveau disposée à avoir un petit ; tout et autant que son mari soit là.

Et elle raconte les soirées où elle appréhende l'arrivée du « maître » comme il aime à le sous-entendre. Le « maître » ? Et de quoi donc ? De son godet de picrate au cabaret du bourg ? De son assiette toujours bien remplie à la maison ? elle ne sait pas trop, mais en tout cas elle le dit aux commères :

— C'est moi qui fais bouillir la marmite. Car quand il revient, il a déjà bu sa solde. Il a des dettes ou bien doit faire son paquetage pour repartir. Alors, pour les quelques sous qu'il me laisse, il est plus valet que maître ! et puis il prend de grands airs : « Moi j'ai voyagé ! moi j'ai une famille riche qui m'attend à Cléden ! moi j'ai vu du monde ! » et ici, il n'y a personne ? Pour voyager, il peut aller au marché de Lannion vendre des œufs. Et il en verra du monde !

Alexandre pense que son frère aîné a mis l'argent de la ferme sous séquestre chez un notaire tant qu'Yves navigue. Il ne touchera les sous que quand il s'installera à terre.

Elles rient de bon cœur. C'est vrai que les étrangers (même bretons d'un autre coin, ce sont des étrangers. La Julie se souvient de l'accueil qui lui a été réservé !) ça a toujours été leurs bêtes noires. Et si ce n'est pas assez croustillant, allez, on en invente un peu. Histoire de rigoler ! Une vieille lui demande :

— Et les filles ? Tu sais s'il va les voir ?

— Les filles ? Quelles filles ? Gaëdig est naïve. Les autres femmes se regardent en coin.

— Les filles des bordeaux. Presque tous les marins paient pour avoir du bon temps avec des filles dans les ports. Et quand ils n'y perdent pas leur argent, ils gagnent des maladies !

Elle comprend d'un coup ce que cela veut dire ! là, ses joues sont en feu ! elle n'ose pas imaginer son mari dans le lit d'une fille perdue, comme on les appelle. Même si elle a de moins en moins d'estime pour celui qu'elle a pris pour le prince charmant il n'y a pas si longtemps, elle ne peut imaginer ça.

Quand il rentre de voyage trois semaines plus tard, un soir au souper, elle lui demande avec sa franchise coutumière :

— Yves, dis-moi, es-tu jamais allé voir les filles dans les ports où tu escales ?

Il s'arrête subitement de manger sa soupe :

— De quoi parles-tu ? Une honnête femme ne doit pas avoir ce genre de conversation, surtout avec son propre époux.

— Ce n'est pas vrai ? Beaucoup de marins racontent ce genre d'histoire, mais toi non. Tu es sage, dit-elle d'un air moqueur. Tu ne penses qu'à moi dès que tu franchis cette porte !

Il se lève lentement et la toise de l'autre côté de la table.

— Prends un autre ton quand tu me parles, Marguerite. Je fais ce que je veux. Je suis un homme et ton époux, ne l'oublie pas. Je n'ai pas de comptes à te rendre !

— À moi, non, mais à Alexandre et à oncle Charles ? Eux qui m'ont dotée pour notre mariage. Mon frère qui t'a assuré une solde pendant tout le temps que tu attendais un embarquement au long cours pour subvenir à nos besoins. Tu y as pensé à eux ? Tu crois qu'ils seraient contents de savoir que tu me laisses sans rien pendant des mois juste parce que tu es un homme qui se croit libre de fréquenter et payer qui il veut ? Il reste muet. Il voudrait laisser éclater sa colère, mais il a peur d'Alexandre qui ne laisserait pas sa petite sœur se faire brutaliser. Et l'oncle Charles non plus. Il laisse tomber sa cuiller, prend sa veste en drap et sort.

Elle sait qu'il retourne au cabaret. Elle sait qu'il rentrera tard et saoul. Mais elle n'en a cure. Elle est de nouveau seule chez elle. Et elle se sent bien.

Quand il rentre, il ne la réveille pas. Il s'endort et ronfle, mais ne la brutalise pas.

Encore une année qui passe avec ses hauts et surtout ses bas. Gaëdig est souvent seule. Elle travaille toujours pour vivre et pour ne pas s'ennuyer seule. Elle rend régulièrement visite à Julie et Anne-Guillemette. Elle emmène de quoi travailler et elle passe les dimanches avec elles et toute la famille. Ses sœurs grandissent.

En juin 1840, Anne fêtera ses 16 ans. Elle apprend la couture. Et Jeanne Julie, à 12 ans, reste à la maison. Elle file et brode un peu. Mais atteinte d'un handicap à la hanche, elle ne sort pas ou peu. Sa mère y pense souvent : « qui voudra d'elle ? »

Quant à Charles, il a 18 ans et ne veut plus naviguer. Mais il ne peut faire autrement. Alexandre le fait embarquer chez un de ses collègues batelier. C'est beaucoup moins rude pour le jeune homme qui ne veut pas avouer ce qu'il a enduré ou au moins ce qu'il a vu ; les brimades, les coups et les violences sur les mousses ; un camarade de son âge tombé à la mer et disparu sous ses yeux… Ce serait une honte de renoncer aux bateaux, mais il ne veut plus partir, même pour la sardine.

Gaëdig rencontre de plus en plus Guillaume le sabotier à Saint-Michel. On dirait que depuis quelque temps il est toujours sur sa route. Il lui sourit et lui adresse un geste de loin, sans jamais oser l'aborder. Sauf lorsqu'ils se croisent chez l'oncle Charles.

Elle a décidé de le taquiner un peu. Le pauvre, elle ne sait pas à quel point il sera gêné et un peu frustré quand elle lui demandera une paire de sabots décorée. Un jour qu'elle le voit entrer dans l'atelier de l'oncle alors qu'elle est devant sa porte, elle décide d'aller lui parler. L'oncle étant présent, sa renommée ne risque rien.

Elle entre donc chez le menuisier et en toute innocence, découvre Guillaume qui paie et range les gros morceaux de bois dans sa toile de jute.

— Bonsoir, Oncle Charles. Oh, bonsoir Maître Guillaume. Je ne vous savais pas ici. Je suis confuse de vous déranger.

— Non, non, bredouille le sabotier. Vous ne me dérangez pas, madame Marguerite.

Elle pouffe à ce nom.

— Appelez-moi Marguerite, tout simplement. En présence de mon oncle, vous y êtes autorisé.

Il acquiesce sans rien dire.

— Mon oncle, consentiriez-vous à rester quelques instants, car puisque l'occasion se présente, j'aimerais demander à Guillaume s'il peut me fabriquer une paire de sabots ? Les miens sont usés et il décore les siens si finement.

Charles n'y voit pas d'inconvénient.

— Certes. Qu'il prenne tes mesures. Assieds-toi sur le banc, là-bas.

Elle s'exécute et Guillaume, plus rouge que jamais, sort un outil long et gradué en bois, joliment décoré à une extrémité d'un petit sabot sculpté. C'est une pige avec laquelle il va mesurer le pied de Gaëdig. Elle retire ses vieux sabots bien éculés et pose ses pieds sur une toile. Guillaume y inscrit les longueur et largeur et se dépêche de replier le tout.

— Je vous les apporterai la semaine prochaine quand je reviendrai du marché. Gaëdig est ravie. Elle est sûre de ne pas avoir les mêmes sabots que les autres femmes. Et elle a raison d'être contente. Il ne la décevra pas.

La semaine d'après, comme prévu, Guillaume s'arrête chez l'oncle Charles.

Gaëdig n'est pas encore rentrée de l'atelier. Charles le fait patienter et lui pose quelques questions gentilles :

— Alors, Guillaume, comme ça t'es toujours pas marié ? Ça te fait combien ?

— 31 ans, lui répond-il. Et non, je ne suis pas marié, ajoute-t-il en rougissant comme à l'accoutumée. On dit en blaguant, chez les sabotiers, que je n'ai pas trouvé chaussure à mon pied.

Charles rit de bon cœur :

— Et tu n'as même pas de promise ? t'es un beau gars et t'as du travail. Ton père m'a dit que ton cœur était pris et que tu ne voulais pas t'engager ailleurs.

Sauvé par l'arrivée de Gaëdig, Guillaume n'a pas à répondre. Il est tout embarrassé, mais en profite pour changer de conversation.

— Marguerite. Je vous ai apporté vos sabots. J'y ai travaillé tous les soirs. Et les voici.

Gaëdig découvre les deux petits objets sculptés, cirés, décorés. Elle est ravie. Et même plus. Elle sent qu'il y a mis tout son cœur et que ces sabots sont plus que de simples chaussures.

Elle les essaie. Ils lui vont parfaitement bien. Elle a presque peur de les abîmer. Pour un peu, elle s'envolerait dans une ronde sur la sciure de la menuiserie. Mais elle se contente de marcher de long en large.

— Ils sont magnifiques, Guillaume. Merci.

Il est heureux de lui avoir fait plaisir et repart le cœur en fête. Au moment de payer son achat, Gaëdig tend les pièces à Guillaume, qui, la regardant dans les yeux, refuse le paiement. Elle a compris et accepte le présent sans rien ajouter.

Dans les semaines qui suivent, ils se rencontreront souvent devant chez l'oncle Charles et un soir, en rentrant elle le voit accompagné d'un autre homme haut et large d'épaules.

Elle ralentit le pas, curieuse comme une chatte, et bien sûr l'oncle l'aperçoit. Il lui fait signe :

— Bonsoir, Gaëdig. Viens donc que je te présente un ami de longue date. Guillaume-Jean, Maître sabotier à Ploubezre, père de Guillaume que tu connais déjà.

Il lui tend une large main calleuse :

— Ravi de vous rencontrer enfin, Marguerite.

Elle reste interdite : « enfin ! ». Comme si on lui avait déjà parlé d'elle.

— Bonjour, monsieur, répond-elle en baissant les yeux, confuse.

— Bon, ce n'est pas tout, mais il faut qu'on rentre à l'auberge. Demain, on repart très tôt. Bien le bonsoir à vous, Marguerite. Charles, je te dis à une prochaine fois.

Et ils partent sans que Guillaume ait pu dire un mot. Seul un signe de tête discret prouve qu'il a suivi la conversation.

Elle est sidérée. Elle rentre chez elle sans s'apercevoir du court trajet. Arrivée dans sa salle, elle s'assied sur le banc et se met à rêver. Elle admire ses jolis sabots. Ce sera son bien le plus précieux pour de nombreuses années.

Même usés et éculés, elle ne les jettera jamais.

Elle est vite interrompue par Yves qui rentre de voyage. Il pose son paquetage par terre et lui dit :

— Tu dors déjà, ma femme ?

— Non, répond-elle. Juste un moment de fatigue. Je vais faire chauffer la soupe.

Il s'assied à son tour et lui dit :

— Je reprends la mer l'année prochaine. Mon embarquement a été confirmé. Je repartirai sur le brick « Caroline » pour les Amériques. Un voyage au long cours de 2 ans. Ne sois pas triste, ma belle, ajoute-t-il moqueur.

Elle n'est pas triste qu'il parte. Elle est triste de se retrouver de nouveau seule, si jeune, alors que sa vie aurait pu être tout autre.

Arrive Noël qui sera doux et festif. Son grand frère, sa femme et leur fils sont venus. Jeanne-Françoise attend un autre enfant. Ils ont l'air tellement heureux ! Alexandre voit bien que sa sœur est un peu triste, mais il sait qu'Yves, qui est parti dans sa famille pour quelques semaines, ne la rend pas heureuse.

Il la prend à part :

— Dis-moi, ma Gaëdig, pourquoi ces yeux tristes ? On fête Noël ensemble.

Elle répond :

— Je suis heureuse que vous soyez ici tous les trois. Ton petit est adorable. Elle a les larmes aux yeux, mais se retient de pleurer :

— Yves repart pour les Amériques dans quelques mois. En juin, je crois. En attendant, il est parti régler quelques affaires dans sa famille.

Sa famille ! elle ne la connaît pas. Ils ne sont pas venus à la noce et Yves ne l'a jamais emmenée là-bas. Et ses affaires ! de quelles affaires parle-t-il ? De son fameux héritage dont il ne voit pas la couleur ?

Alexandre comprend. Il la serre dans ses bras et lui dit :

— Au moins il ne t'embarrassera pas. C'est le bon côté des choses.

Il a raison.

Fin janvier, Yves revient de Cléden. Il est soucieux, mais ne dit rien.

Il a repris le cabotage et ne rentre pas trop souvent. Il a besoin d'argent pour son paquetage, mais Gaëdig lui dit haut et fort qu'elle n'a rien à lui donner puisqu'elle subvient à ses propres besoins quand il part.

— Tout est dépensé dans la maison, lui affirme-t-elle.

Même s'il n'est pas dupe, il ne dit rien. Il a déjà fouillé dans tous les recoins, mais n'a jamais trouvé ses petites économies. Pas folle, elle laisse ses sous à l'atelier de Catherine, qui se fait complice avec bonheur. Yves n'aura jamais le culot d'y aller voir.

En avril 1841, il reçoit la date de départ du « Caroline » par un gars de Lannion qui vient le voir à Saint-Michel. Ils partiront de Saint-Malo le 20 juin.

Ça y est. Il est excité à l'idée de naviguer. Il est même gentil avec Gaëdig. Dès la mi-mai, elle sait qu'elle est de nouveau enceinte. Elle se sent encore une fois faible et malade. Le 15 juin, elle dit à son mari, déjà sur le départ :

— J'attends un autre enfant.

Il la regarde et la prenant par la taille lui répond :

— Quand je rentrerai, il y aura un beau gars dans le berceau. J'en suis sûr !

Cela ne l'empêchera pas de partir deux jours plus tard pour Saint-Malo. C'est ça, la vie de marin !

Comme la première fois, Gaëdig travaille sans relâche. Elle ne peut pas se reposer. Elle doit continuer pour survivre. Même si Julie et Anne-Guillemette l'aident un peu en lui faisant porter des légumes, des œufs, du beurre et de la crème. La vie est trop dure si on se laisse aller et les femmes ont l'habitude de s'entraider.

Guillaume, qui se faisait discret lorsque Yves se trouvait dans les parages, se montre plus souvent à l'atelier de l'oncle Charles. Il sait que le mari de Gaëdig est parti au long cours. Mais il n'en profite pas pour autant. Il doit rester à sa place, même s'il a envie d'aller lui parler, lui dire bonjour.

C'est un été étouffant qui s'abat sur la Bretagne cette année 1841. Elle se fatigue très vite. Elle a souvent besoin de se reposer quand elle marche. Elle a mal au dos quand elle file ou quand elle ravaude.

Mais elle est heureuse comme ça. Elle aura bientôt un autre petit être à charge. Elle est prête. Elle saura faire face. Et puis Julie, Anne-Guillemette, ses deux sœurs, dans une moindre mesure, et même oncle Charles sont là. Bienveillants.

L'automne arrive avec ses averses et le vent qui soulève les feuilles mortes. La campagne est calme. Il ne se passe jamais rien d'exaltant à Saint-Michel-en-Grève.

Seules les visites de Guillaume à son oncle lui font plaisir.

Elle a eu 25 ans en août, mais n'a pas ressenti de joie. Ni de peine d'ailleurs. Elle s'en moque un peu, de son âge. Elle se sent vieille et lourde.

Les femmes du village lui prédisent un garçon.

— Pour sûr, tu le portes pas comme l'autre fois, lui dit Julie.

Comme sa maman avant elle, elle est fine et menue, même enceinte de plusieurs mois.

Avec l'hiver arrivent la neige et le brouillard. Elle ne reste pas longtemps à la veillée de Noël. Elle préfère rentrer chez elle s'allonger sous son édredon.

Demain elle ira à la messe. Peut-être…

Guillaume se fait encore plus discret depuis qu'il a su qu'elle était enceinte. Il la respecte trop pour la mettre dans la gêne. Ses parents sont inquiets de le voir seul et quelquefois triste, mais ils n'y peuvent pas grand-chose. Ils ont bien eu des propositions de mariage de gens de Ploubezre, mais rien n'y fait. Il ne veut pas prendre femme.

Fin janvier, Gaëdig se sent mal. L'enfant devrait arriver pour mi-février, mais elle a l'impression qu'il va se manifester plus tôt.

Le 31 de ce mois, elle ressent les premières douleurs, alors qu'elle est encore au lit. Il fait encore nuit, mais il doit être 6 heures environ. Elle croit avoir entendu le chant du coq dans son sommeil.

Sa sœur Anne à 18 ans est encore fille et vit toujours à la ferme. Depuis une semaine, elle dort chez Gaëdig. Quand celle-ci la réveille, elle comprend rapidement. Elle se lève et s'habille puis part chez sa mère. 10 minutes plus tard, Julie et Anne sont de retour. Après avoir mis de l'eau à chauffer et préparer les linges, elles installent Gaëdig du mieux qu'elles peuvent pour alléger les douleurs.

Il y a une sage-femme à Saint-Michel. Gaëdig a prévu de faire appel à elle si l'accouchement se passe mal. Elle a mis de l'argent de côté pour ça. Mais pour le moment, tout est normal.

Au bout de 9 heures de travail, à 3 heures de l'après-midi, elle donne naissance à un petit garçon.

Les femmes avaient raison. Mais il est aussi chétif que la petite Marie-Jeanne. Il ne crie pas. Ses yeux restent fermés. On l'emmaillote le plus chaudement possible et Gaëdig le prend dans ses bras. Mais il ne tète pas. Il respire à peine.

Charles, le frère de Gaëdig se présente à la porte :

— Je vais à l'état civil déclarer le petiot. J'emmène les voisins. Il s'appelle comment ?

— Noël, répond Gaëdig. Il s'appellera Noël comme le voulait Yves.

— Très bien.

Il se rend à la Mairie en compagnie de ses deux témoins et déclare la naissance. Et comme dans un mauvais rêve, le lendemain, le 2 février 1842, ils y retournent pour déclarer la mort de l'enfant. Il n'a pas eu le temps de pleurer ni de boire.

Gaëdig est triste, elle pleure son enfant et elle pleure sur son sort. Qu'a-t-elle fait pour mériter un époux toujours absent et des enfants morts à peine nés ?

Dans les jours qui suivent, elle sombrera dans une déprime que le froid et le gris n'aideront pas à guérir de sitôt.

Au bout de deux semaines, elle est sur pieds et reprend le chemin de l'atelier de ravaudage. Elle n'a pas de lait, elle est libre et très seule.

Guillaume vient la voir un soir d'avril. Il a pris son courage à deux mains et se présente à la porte de Gaëdig dans l'intention de prendre de ses nouvelles. Après tout, ils se connaissent depuis quelques années maintenant. Et l'oncle Charles est à côté. D'ailleurs, Guillaume lui a dit qu'il allait voir Gaëdig et il ne le lui a pas interdit.

En revanche, Guillaume reste sur le pas de la porte. Si les commères du coin le voyaient entrer, elles en feraient des gorges chaudes pendant des années.

Dame ! la belle Gaëdig si seule et si triste, elle se fait consoler par le Guillaume !

Elle est très étonnée de le voir là, seul, bredouillant un bonsoir à peine audible. Elle ne lui propose pas d'entrer pour les mêmes raisons. Elle se poste donc sur le seuil en granit et lui rend son salut.

— Maître Guillaume ! comment allez-vous ? lui demande-t-elle

— Ma foi, je vais on ne peut mieux, Marguerite. Je ne vous vois plus beaucoup depuis quelque temps et j'ai demandé à Charles l'autorisation de vous rendre visite. Je voulais voir si tout allait bien. N'avez-vous besoin de rien ?

— Non. Vous êtes gentil, Guillaume. Mais repassez donc me voir quand cela vous plaira. Je ne reçois jamais d'autres visites que celles de ma marâtre et de mes sœurs. Cela me fait plaisir.

Et un nouveau rituel s'installe entre eux à chaque passage du sabotier à Saint-Michel-en-Grève.

Et personne n'y trouvera à redire. Les apparences sont sauves et à l'âge qu'elle a, et mariée, qui plus est, Gaëdig n'a plus besoin d'un chaperon. Elle a retrouvé le sourire et se fait coquette à nouveau.

Guillaume, lui aussi, est plus gai. Oncle Charles voit bien l'évolution de l'humeur du sabotier. Il les observe tous les deux ; ils sont corrects et il n'y a rien à redire.

Guillaume-Jean, le père de Guillaume aussi a remarqué le changement. Il en parle à son ami Charles :

— Dis-moi, Charles. As-tu remarqué que mon Guillaume est redevenu souriant et gai ? Il avait même perdu l'appétit !

— Oui, mon ami, répond Charles. Il rend visite à notre Gaëdig à chaque fois qu'il vient ici. Mais ne t'inquiète pas ! ajoute-t-il devant le regard interrogateur du sabotier, il reste sur le pas de la porte et ils parlent ensemble de ce qui se passe dans le pays.

— Alors, je suis heureux, mais pas rassuré pour autant. Tu sais que mon fils est amoureux de la jolie Marguerite depuis toujours. Elle est mariée, même si le Finistérien n'est jamais là. Je crains qu'il ne tombe d'encore plus haut quand il rentrera.

— On avisera le moment venu. Pour l'instant, laissons-les parler et se raconter des histoires. Ils ne font rien de mal.

Gaëdig de son côté apprécie les visites de Guillaume. Elle les apprécie vraiment beaucoup. Elle rêve de lui la nuit. Il est présent dans ses pensées chaque jour. Et ses pensées pourraient en faire rougir plus d'une parfois. Mais elle garde tout pour elle. Elle est femme de marin. Et la mer est une rivale implacable !

De son côté, Guillaume a décidé de s'installer à Saint-Michel-en-Grève. Sa clientèle est importante ici et ses parents, sabotiers et vendeurs à Ploubezre n'ont pas trop de leurs clients pour vivre.

Il demande un jour à Charles :

— Monsieur Charles, dites-moi. Pourriez-vous me conseiller un atelier bon marché où je pourrais installer mes outils et vivre également ici, à Saint-Michel ?

Oncle Charles comprend immédiatement l'intention de Guillaume : rester plus près de sa bien-aimée Marguerite et vivre en même temps de son artisanat.

— Je vais me renseigner, mon gars. Je te dirai ça la semaine prochaine, peut-être. Les masures à remettre debout, ce n'est pas ce qui manque ici.

— Merci. Mes clients sont nombreux ici, et mes parents n'auraient plus à partager leur clientèle. Je livre autant ici que je vends à Ploubezre, il y a le marché et aussi des clients à Trédrez. Je ne manquerai pas de besogne.

Charles demandera dès le lendemain à ses amis s'ils ont connaissance d'un tel emplacement. Ce n'est que trois semaines plus tard qu'il déniche ce que cherche Guillaume. Une masure dont le toit est à refaire, mais qui comprend deux pièces. Une grande pièce sur le devant avec une belle cheminée qui tire bien et une plus petite sur le côté qui peut servir d'atelier. Un sabotier n'a pas besoin d'autant de place qu'un menuisier pour travailler.

Le prix à l'année n'est pas très élevé et Guillaume est preneur.

La maison se trouve à l'autre extrémité du village, mais il sera à Saint-Michel.

Dès qu'il fait affaire avec le propriétaire – un fermier de la région qui a hérité du lieu il y a quelques années et ne s'en sert jamais –, il s'affaire à remettre le toit et les murs de l'atelier en état. Il ramène ses outils et son établi, installe des étagères pour ranger sa production et aménage son logis avec les quelques biens que ses parents lui ont donnés.

En mai 1842, Guillaume ouvre son atelier à Saint-Michel-en-Grève. Son air aimable et gentil ainsi que son doux sourire attirent les clientes de tout le bourg et des environs. C'est un artiste en son genre. Il personnalise ses sabots comme aucun autre. Sans rouler sur l'or, il s'en sort bien. Il travaille sans relâche. Et il est près de Gaëdig. Ils se voient presque tous les jours. Elle rayonne dès qu'elle l'aperçoit. Il se sent revivre dès qu'il la voit.

Oncle Charles s'est juré de surveiller un peu ce qu'il se passe sans pourtant avoir l'air d'être trop sévère. Il est même bienveillant. Il sait que ces deux-là sont respectueux de la morale.

Gaëdig continue de ravauder et de filer. Pendant les veillées, il y a bien quelques questions sous-entendues qui fusent de temps à autre, mais Gaëdig ne se laisse jamais démonter. Elle peut les regarder en face et leur tenir tête sans honte ni gêne. Julie et Anne-Guillemette ont été inquiètes quand Guillaume s'est installé au village, mais Charles les a rassurées.

Les semaines passent ainsi, sans aucune nouvelle d'Yves Kerloc'h parti pour les Amériques. Pourquoi donnerait-il de ses nouvelles alors qu'il ne l'a jamais fait ?

1843 arrive sans que Gaëdig ni Guillaume ne s'en soit aperçu. Ce n'est pas une routine comme les autres qui s'est installée. Il y a comme un jeu entre eux dont personne d'autre ne connaît les règles.

Ils savent se parler sans dire un mot, juste en se regardant.

Gaëdig n'a jamais connu ça avec Yves. D'ailleurs, elle ne l'a pas vraiment beaucoup connu. Il l'a laissée seule après seulement 4 mois de mariage, et n'est rentré longtemps après que pour mieux repartir. Elle a cru que c'était ça, l'amour : être éblouie par le premier homme, d'âge mûr, qui s'intéresse à elle et la demande en mariage. Elle n'était qu'une enfant et ne connaissait rien à la vie. Aujourd'hui, elle découvre ses sentiments, mais ne peut rien faire ni rien dire.

Mais il le sait, lui, Guillaume. C'est le principal.

Un soir de février, il traverse le village et se dirige vers l'atelier de Charles.

Le menuisier n'est pas là. Il est parti avec son apprenti livrer des meubles chez des bourgeois qui s'installent sur la côte.

Il voit la lueur de la chandelle chez Gaëdig par la petite fenêtre à côté de la porte et ses pas le conduisent tout naturellement vers cette flamme.

Il frappe à l'huis et l'appelle. Elle apparaît devant lui, belle et souriante. Ils se comprennent sans dire un mot. Il n'y a personne dans la ruelle. Par ce froid mordant, tout est désert.

Il entre. Elle ferme la porte. Elle connaîtra enfin le plaisir. Elle n'est même pas honteuse. Elle ne ressent que du bonheur.

Avant de partir en prenant toutes les précautions, Guillaume lui dit :

— Marguerite, je t'aime depuis la première fois où je t'ai vue. Si nous ne pouvons pas vivre ensemble un jour, sache que je ne me marierai jamais.

Elle lui répond :

— Je t'aime aussi, Guillaume, mais il nous faut être très prudents si nous ne voulons pas nous créer de gros ennuis. Je suis mariée et même si Yves n'est pas là je me dois de rester fidèle aux yeux des bien-pensants. Un jour, qui sait…

Pendant des semaines, dès qu'ils en ont l'occasion, nos deux amants se retrouvent. Parfois, Gaëdig va chez Guillaume. En faisant un détour par la campagne, comme elle en a l'habitude quand il fait beau, elle passe derrière sa maison. En entrant par le jardin qui donne sur les champs environnants, elle ne risque pas grand-chose.

Elle aime faire l'amour avec Guillaume. Il est doux et attentionné, il n'est jamais saoul. Elle aime aussi poser sa tête au creux de son épaule après. C'est une découverte pour eux. Elle n'a jamais eu ce genre d'intimité avec son époux. Et Guillaume, n'a connu qu'une ou deux fois les filles du bordel de Ploulec'h. Ils se retrouvent ainsi le plus souvent possible, en prenant mille précautions.

Guillaume-Jean, le père de Guillaume, se rend bien compte du changement opéré chez son fils. Il ne lui en parle pas, mais un jour qu'il se rend à Saint-Michel, il s'en ouvre à Charles :

— Mon ami, dis-moi. N'as-tu rien remarqué ces temps-ci entre Gaëdig et mon gars ?

Charles reste muet un instant, puis répond :

— J'ai bien vu que ces deux-là sont plus gais et plus vivants que jamais, mais je ne les ai jamais pris en défaut, si c'est ce que tu veux me demander. Et personne n'a rien à leur reprocher, sinon tu penses bien que tout le pays se gausserait et ferait une vie infernale à ma nièce et à ma famille.

Guillaume-Jean est un peu rassuré, mais n'en pense pas moins :

— J'espère qu'ils feront attention. On ne peut rien contre l'amour.

Guillaume et Marguerite ne peuvent pas se passer l'un de l'autre très longtemps. En août, pour son anniversaire, Guillaume rend visite à Gaëdig avec un coffret qu'il a sculpté et dans lequel il a enfermé une petite croix d'argent accrochée à un ruban de velours noir.

Il passe la nuit avec elle. Ils s'aiment et vont avoir du mal à le cacher. Mais ils y arrivent. Jusqu'au jour où, lors d'une visite, elle lui prend la main, l'enlace et le regardant dans les yeux, lui dit :

— Guillaume, j'attends un enfant.

Il cesse de respirer. Il est au bord des larmes tant il est heureux. Sa Gaëdig attend un enfant. Son enfant !

Ils rient et pleurent de joie tous les deux. Mais cette allégresse est de courte durée.

Comment annoncer cela à Alexandre, à Julie et l'oncle Charles ? Ils vont être la risée du pays par sa faute. Gaëdig est abattue. Elle doit aller voir sa marâtre et lui avouer sa faute. Sa faute ! comme si c'était une faute que de faire un enfant par amour !

Le dimanche suivant, rassemblant son courage, elle demande à Julie si elle peut lui parler. Celle-ci, intriguée, lui demande de s'asseoir et, se postant à son côté, attend.

— Julie, j'ai quelque chose de très important à te dire.

Elle avale sa salive et continue :

— J'attends un enfant.

Julie se recule, l'air effaré. Elle ne comprend pas :

— Mais ton mari est parti depuis des mois. L'aurais-tu revu sans que nous le sachions ?

— Non, répond Gaëdig. Et pour ce que j'en sais, il est toujours au-delà des mers. Aux Amériques. Non, j'ai conçu ce petit avec Guillaume, le sabotier.

Julie reste interdite. D'abord, la réprobation se lit sur son visage, comme quand Marguerite était petite. Puis le désespoir fait son apparition dans ses yeux : que vont dire les gens ? Et monsieur le Recteur ? Mon Dieu !

Gaëdig reprend sur le ton volontaire et effronté qu'on lui connaît parfois :

— Je trouverai une solution. Je veux juste que vous ne me jugiez pas. Je parlerai à tout le monde ce soir, à la veillée. Personne d'autre que nous n'est responsable.

Julie lui dit :

— Je crois qu'il faudra également parler à ton frère Alexandre. Il doit venir mardi.

Le soir, tout le monde est installé dans la pièce principale. Julie n'a rien dit. Elle sait que Gaëdig veut l'annoncer elle-même. Elle, qui a toujours mené sa barque seule ou presque, ne se laissera pas influencer par quiconque.

Elle entre dans la maison, s'assied sur un tabouret et prend la parole :

— J'ai quelque chose de très important à vous apprendre. Je sais que ça ne vous réjouira pas tous, mais le fait est là et je ne peux ni ne veux rien en changer.

Elle se lance après avoir repris son souffle :

— J'attends un enfant.

Les réactions ne se font pas attendre. Anne-Guillemette porte la main à sa bouche comme pour étouffer un cri, les deux filles de Julie se regardent d'un air entendu. C'est ces deux pimbêches qui seraient les premières à critiquer la tenue de Gaëdig. Dame ! une grosse dinde et une difforme qui ne connaîtront peut-être jamais l'amour, ça ne peut qu'être jaloux.

Charles a compris. Il ne juge pas le fait qu'elle soit enceinte, mais il comprend qu'il n'a pas été vigilant et que les deux l'ont berné. Gaëdig voit sa réaction :

— Oncle Charles, tu n'as rien à te reprocher. Nous avons été discrets et personne n'en a jamais rien su. J'aime Guillaume Le Bescond et lui m'aime depuis toujours. Je suis toujours seule et quand Yves rentre il me bafoue et ne me prête aucune attention. Je n'ai pas résisté. Pardonnez-moi !

Charles se reprend :

— Il faut avertir Alexandre et prendre des mesures. Tu peux confier le petit aux sœurs de la Charité à Lannion.

— Jamais ! s'exclame-t-elle en se levant d'un bond. Jamais je n'abandonnerai mon enfant, notre enfant.

Et devant tant de véhémence, tous comprennent qu'elle a déjà décidé d'affronter son destin. Elle gardera son enfant tout et autant qu'il vive. Quoiqu'il arrive.

— D'accord, dit Charles. Alors il faudra te cacher et raconter une histoire. Quand Yves reviendra, nous aviserons. En attendant, nous devons taire la nouvelle. Il regarde ses deux nièces :

— Vous deux, ne vous avisez pas non plus de colporter l'affaire. L'opprobre retomberait sur vous aussi, alors réfléchissez avant de parler !

Les deux filles se taisent et acquiescent. Elles se tairont et garderont le secret de famille, un certain temps au moins.

Alexandre arrive à Saint-Michel comme prévu le mardi. Charles lui demande de lui accorder quelques instants. Il lui raconte l'histoire de Gaëdig. Le grand frère est atterré. Que va devenir sa sœur ? Qui est le père ? Que faire ?

— Le père du petit, c'est Guillaume le sabotier. Le gars Le Bescond. Il a toujours aimé ta sœur et elle s'est aperçue de ses propres sentiments après la mort de son deuxième enfant. Le finistérien n'était pas là, c'est Guillaume qui l'a aidée et qui l'a soutenue dans sa triste vie.

Alexandre comprend, même s'il est déçu par le comportement de Gaëdig.

— Que compte-t-elle faire ? Confier l'enfant aux bonnes sœurs ou à une nourrice de la campagne qui l'élèvera comme le sien ?

— Non. Elle veut garder son petit contre vents et marées. Elle ne veut pas entendre parler d'abandonner un bâtard dans la nature ou à l'église. Elle est têtue, notre Gaëdig, quand elle veut quelque chose, elle n'y renonce pas.

Alexandre ne peut s'empêcher de sourire. C'est tout sa sœur. Dans les pires situations, elle fait front.

— Je vais lui parler, dit-il. Elle doit être à l'atelier.

Il se dirige vers la maison de Catherine. Quand elle le voit apparaître, elle a peur, mais ne démords pas de sa décision.

Il la regarde dans les yeux et lui dit, utilisant pour la première fois son prénom :

— Marguerite, Charles m'a informé. Tu as fauté avec le sabotier et tu ne veux pas abandonner ton enfant. Ce que je considère comme courageux de ta part. Et même si la faute est impardonnable, elle n'est pas nouvelle ! Que comptes-tu faire ?

Elle y a beaucoup réfléchi. Elle a une solution un peu boiteuse qui ne durera que tant qu'Yves sera loin. Elle l'expose à Alexandre :

— Seule la famille est au courant. Je vais partir quelque temps de Saint-Michel. Je ne sais pas encore où aller. Mais pour les gens d'ici, je rejoins mon époux dans le Finistère pour rencontrer sa famille. Il sera en escale de courte durée et ne pourra pas venir me rejoindre ici. Qu'en penses-tu ?

Alexandre est ébahi : sa sœur fait preuve d'une audace incroyable et aussi d'un brin de fourberie. Il sait de quoi une femme est capable quand il s'agit de sauver sa vie et celle de son enfant, et Gaëdig en est un pur exemple.

— D'accord, finit-il par dire. Je demande à l'oncle Alexandre si tu peux aller chez lui le temps d'avoir ton enfant, et je reviens en fin de semaine.

— Non, attends ! lui lance-t-elle. J'irai certes quelque temps chez lui, mais je rentrerai enceinte ici. Mon enfant naîtra ici !

Il est d'accord, Alexandre. Il se sent un peu obligé d'aider sa sœur, lui qui a introduit Kerloc'h dans la famille et qui n'a pas pu l'accueillir chez lui. Il est responsable de la vie de Gaëdig et ne peut faire autrement que l'aider.

Tout se met en place rapidement. Alexandre est allé trouver son oncle près de Lannion et lui a exposé les faits. Le vieil homme est content de bluffer un gars du Finistère qui se prend pour le roi parce qu'il navigue sur les mers et non pas sur les rivières.

Deux semaines plus tard, Gaëdig prend son baluchon et s'en va, accompagnée d'Alexandre.

Elle a averti Guillaume de ce qu'elle compte faire. Il est malheureux, mais ne peut qu'être d'accord. Il l'attendra. Il s'embrasse une dernière fois et elle part.

Après 5 semaines loin de Saint-Michel, mi-octobre, Gaëdig rentre dans sa famille.

Oncle Charles a gardé sa maison. Julie l'accueille à bras ouverts. Anne-Guillemette également. Ses deux sœurs sont un peu plus froides, mais elle s'en moque !

Elle joue une comédie qu'elle a peaufinée pendant tout ce temps passé à Loguivy. Elle raconte à qui veut l'entendre qu'Yves n'est pas resté tout le temps avec elle, que son frère et sa sœur ne sont pas du tout aimables ni gentils et qu'elle n'y retournera pas. D'ailleurs, il est reparti pour l'Amérique du Nord.

Et un matin, très peu de temps après être rentrée elle annonce – officiellement cette fois – qu'elle est enceinte. Personne n'y voit rien à redire. La famille joue le jeu. Gaëdig avec sa taille fine est restée très mince. La grossesse ne se voit pas. Elle peut faire semblant.

Parfois, elle a peur en pensant à un réel retour de son époux. Mais on verra bien.

Pour l'instant, ce n'est pas à l'ordre du jour.

Le finistérien n'était pas attentionné envers Gaëdig, alors on la plaint. Elle n'en demande pas tant, mais ne dit rien. Même si elle est d'habitude la franchise incarnée, là elle ment de façon éhontée, pour son enfant, pour sa vie, pour Guillaume.

Elle continue de ravauder et de filer. Elle continue de voir Guillaume, mais de façon plus que discrète. Elle tremble à l'idée que son plan échoue à cause de leur aveuglement. De temps en temps, elle se laisse aller à rêver comme quand elle était petite. Et contrairement à cette époque, son prince charmant est bien réel, mais elle ne peut vivre avec. Pourquoi la vie est-elle si injuste pour les femmes ? Son mari est un égoïste qui ne la respecte pas ; elle lui doit fidélité, mais lui n'y est pas contraint. Si elle n'était pas mariée, elle serait sous la tutelle de son frère puisque son père est mort.

Elle n'est pas une personne à part entière. Elle est fille de ou femme de. Mais le plus important est qu'elle sera mère ! elle le sait.

Le père de Guillaume est très attentionné. Il veut le bonheur de son fils et il sait comme la situation est difficile pour eux. La mère est un peu plus méfiante, mais elle ne connaît pas toute la vérité. Heureusement, car elle aurait vite fait de lancer des ragots sur Gaëdig. Dame ! une femme mariée qui se fait engrosser par un autre pendant que le mari est en mer, ce n'est pas bien beau, même si ce n'est pas rare ! donc elle sait seulement que son fils est amoureux de la petite Marguerite, mais c'est tout. Et de toute façon, elle ne va jamais à Saint-Michel-en-Grève.

La douceur de l'hiver a aidé Gaëdig à ne pas trop souffrir de sa grossesse. Elle sent que ce sera un fils. Elle n'est pas grosse, mais il prend sa place. En avril, il lui donne force coups de pied qui lui coupent le souffle, mais qui la rassurent. Au moins, il est vigoureux.

Cette fois-ci, sa sœur ne vient pas coucher chez elle, car elle est censée accoucher en juin. Quand les premières douleurs arrivent à 5 heures du matin, elle appelle oncle Charles qui travaille déjà à l'atelier. Il se précipite chez lui. Julie va aider Gaëdig à mettre son troisième enfant au monde.

L'accouchement se passera très rapidement. À 8 heures naît un garçon assez gros pour vivre, mais pas trop pour paraître un peu en avance sur la date. Juste ce qu'il faut à Gaëdig. Guillaume-Jean arrivé dans l'entrefaite chez Charles s'enquiert de la mère et du bébé. Dam ! c'est quand même son petit fils ou sa petite fille.

Charles rassure son ami : la maman et le bébé vont bien. C'est un beau garçon. Il tète déjà. Tout a été très rapide.

Il part tranquillement vers l'atelier de son fils. Il ne faut pas qu'il ait l'air préoccupé. Arrivé chez Guillaume, il entre et lui dit :

— Gaëdig a accouché d'un garçon. Tout va très bien.

Guillaume va se précipiter chez elle, mais son père le retient :

— Héla, mon gars, doucement. Sous quel prétexte tu vas voir la nouvelle accouchée ? dit-il avec un petit sourire. Tu vas attendre sagement ici et on avisera.

Gaëdig est radieuse. Elle n'a pas trop souffert, elle n'a pas travaillé pendant de longues heures. C'est un garçon. Elle l'appellera Guillaume et lui donnera comme second prénom Jean. Comme son père et son grand-père. Elle ne peut pas le dire, mais au moins il portera les prénoms en cours dans la famille paternelle.

Le lendemain, Guillaume Le Bescond, sabotier de 33 ans, part déclarer la naissance du fils de Marguerite Le Dret et de Yves Kerloc'h, absent, avec deux témoins : Guillaume-Jean Le Bescond, sabotier de 62 ans de Ploubezre et Jean-Marie Kerirzin, maître maçon de 33 ans de Saint-Michel. Guillaume a apporté le certificat de mariage de Gaëdig à l'officier de l'État civil qui reporte les renseignements sur l'acte de naissance de l'enfant. Il est le fils de Yves Kerloc'h, marin, et de Marguerite Le Dret.

Le petit Guillaume Kerloc'h est baptisé en l'église de Saint-Michel-en-Grève le 11 mai, son parrain sera oncle Charles et sa marraine, Julie. Ils ont accepté sans hésiter, gardant tout au fond de leur âme les mensonges qu'ils ont dû dire pour éviter que la famille ne soit mise à l'index.

Au fil du temps, on oubliera cette histoire. Seule restera la crainte de voir resurgir Yves de retour de ses nombreux voyages. Mais personne n'a de ses nouvelles. Il sera toujours temps d'aviser.

Gaëdig élève son fils avec une énorme tendresse. Il faut dire qu'elle est passée par tous les stades de la peur. Elle se sent forte et invincible depuis qu'elle a gagné cette toute petite victoire qui changera sa vie. Un mensonge et une confiance en ses proches lui ont évité le pire : devoir abandonner son fils aux bonnes sœurs ou partir mendier hors de Saint-Michel.

L'enfant lui ressemble, et c'est une chance, car les bigotes du coin sont toujours à l'affût du moindre faux pas. Comme quand sa maman a accouché, les vieilles ont scruté le bébé sous toutes les coutures pour deviner une faute et en faire des gorges chaudes. Non, elle ne sera pas la risée des veillées. Non, on ne la montrera pas du doigt comme une fille perdue.

Petit Guillaume est robuste et a le cheveu noir. Comme sa mère et son « père ».

Yves Kerloc'h aussi avait la tignasse foncée.

Elle continue de travailler chez elle, car elle n'a pas les moyens de payer une nourrice pour s'occuper du petit. Elle le garde près d'elle, l'allaitant, le soignant. Le prenant dans son lit quand il fait froid. Elle a déjà perdu les deux premiers enfants du Kerloc'h, elle ne veut pas perdre celui-là.

Elle brode des draps et des vêtements de bébé qu'elle a cousus elle-même dans du tissu récupéré de vieux habits. Il est beau comme un roi. Elle est fière. Oncle Charles lui a fabriqué un berceau tout sculpté qu'elle agite doucement avec son pied pendant qu'elle file ou qu'elle coud. Il ne manque de rien, ou presque.

Il n'a pas de père près de lui.

Qu'à cela ne tienne, elle sera les deux à la fois. Et son grand frère sera là pour l'assister quand il grandira. Il y a des choses que seuls les hommes peuvent se dire. Enfin, elle croit.

Les mois ont passé. Guillaume grossit et grandit vite.

Guillaume, le père du petit, ne peut rien faire d'autre que de couver son amour et son enfant de loin. Il lui est interdit de dire ce qu'il sait. Il aurait aimé être près d'elle sans se cacher et prendre soin de son fils. Il est là. C'est tout. Il rend toujours des visites nocturnes et secrètes à la belle Gaëdig. Mais ils doivent redoubler de prudence. Ils ne doivent pas être vus ensemble et surtout, elle ne doit pas retomber enceinte. Ce serait impossible à expliquer une seconde fois.

Mais en septembre 1844 arrive une nouvelle qui va chambouler toute leur vie. À tous.

Un dimanche après la messe à laquelle Gaëdig s'est rendue avec Julie et ses sœurs, un homme sort du cabaret et se dirige vers elles.

Il se présente : Olivier de Kerjean. Officier de marine au long cours, il est descendu à terre à Saint-Malo pendant le relâche du navire sur lequel il est second. Il veut parler à Marguerite Le Dret, épouse Kerloc'h. On lui a dit qu'elle assistait à la messe.

Interdite et tremblante, Gaëdig s'avance et lui répond :

— Je suis Marguerite Le Dret, épouse d'Yves Kerloc'h.

Le marin lui demande alors s'il peut lui parler, seule. Bien sûr qu'il peut. Ils s'éloignent vers le banc sous un arbre et s'asseyent.

— Voilà. Je rentre des Amériques où j'ai fait escale et où j'ai rencontré le commandant du brick « Caroline ». Je suis porteur d'une triste nouvelle.

Gaëdig retient son souffle. Que va-t-il lui annoncer ? Il continue :

— Votre époux, Yves Guénolé Kerloc'h, est décédé à Savannah en septembre 1842.

Les documents officiels doivent vous parvenir par le biais de l'ambassade, mais cela prend du temps de tout acheminer et retranscrire. Alors on m'a chargé de cette triste démarche.

Gaëdig reste muette. Elle n'ose comprendre. Il faut qu'elle dise quelque chose :

— Mais comment est-ce arrivé ? bafouille-t-elle. Que s'est-il passé ? Un peu confus, Kerjean répond :

— Il a été tué à terre. Je vous présente toutes mes condoléances ainsi que celles de l'armateur et du commandant du « Caroline ». Ses effets personnels, s'il en avait, vous seront rendus plus tard en même temps que sa solde du mois suivant sa mort et son certificat de décès lorsque le brick sera de retour en France.

Il se lève et s'incline vers elle :

— Y a-t-il un représentant masculin de votre famille à qui je pourrais parler ? Votre père, un frère ?

— Non, dit-elle. Mon père est mort il y a longtemps et mon frère navigue. Mon oncle Charles est là-bas. Elle montre l'oncle qui les regarde avec curiosité. Dès qu'elle lui fait signe, il s'approche.

— Puis-je vous parler, monsieur ? lui demande Kerjean.

— Bien sûr, répond Charles.

Ils s'éloignent de quelques pas pendant que Julie, ses filles et Anne-Guillemette rejoignent Gaëdig.

Kerjean reprend :

— Je ne peux pas moi-même donner des détails à Mme Le Dret, mais à vous, oui. Le dénommé Kerloc'h Yves Guénolé est mort à Savannah en Géorgie, aux États-Unis d'Amérique le 23 septembre 1842.

Charles ouvre de grands yeux :

— Quoi ? Il est mort là-bas ? Comment ?

— C'est ce que je ne peux pas dévoiler moi-même à sa veuve. Il a été trouvé assassiné dans une maison close et tripot du quai de Willink, à peu de distance du brick. Il menait une vie très agitée, comme beaucoup de matelots. Il a reçu plusieurs coups de couteau dans le dos et on n'a retrouvé aucun argent sur lui. Il avait touché sa solde de la semaine le matin même. Madame Le Dret recevra le reste de la solde due aux veuves de marins par un courrier accompagné des effets personnels du dit Kerloc'h. Mais ça prendra un peu de temps, car les formalités sont longues et les Amériques sont lointaines. Le commandant du Caroline doit d'abord faire enregistrer les informations inscrites sur le carnet de bord officiellement quand il rentrera en France. Le « Caroline » est resté aux

Amériques sous contrat long et n'est pas encore revenu en France. C'est pourquoi les nouvelles n'ont pas été transmises depuis lors.

Charles est resté muet. Il se ressaisit et dit :

— Monsieur, je vous remercie de vous être déplacé. Puis-je vous offrir l'hospitalité pour le déjeuner ? Kerjean lui répond :

— Je vous remercie infiniment, monsieur, mais je dois reprendre la route pour Saint-Malo rapidement. On m'y attend ce soir. Il n'est jamais facile d'annoncer à la famille la disparition d'un marin en mer ou la maladie qui l'a emporté. Mais c'est encore plus dur dans ces circonstances. Sans instructions précises avant l'embarquement, les matelots sont inhumés sur place.

Avait-il de la famille ? Des parents ?

— Ces parents sont décédés de longue date. Il a encore un frère et une sœur, mais dans le Finistère. De plus, on n'a jamais vu ni l'un ni l'autre. M'est avis qu'il n'était pas le bienvenu au pays. Mais ne médisons pas d'un mort.

— Dans ce cas, l'armateur aura certainement l'adresse de sa famille au Finistère puisqu'il naviguait déjà pour son compte avant son mariage ici.

— Monsieur, je vous remercie de votre déplacement.

Après une poignée de main, les deux hommes se séparent.

Charles revient lentement vers le banc où les femmes entourent toujours Gaëdig.

Elle ne prononce pas un mot avant le retour de l'oncle :

— Oncle Charles, que vous a dit cet homme ? qu'est-il arrivé ? Charles la regarde longuement et en soupirant, lâche :

— Il ne m'a rien appris que tu ne saches déjà, petite Marguerite.

Mais à la vue du rouge qui monte à ses joues, elle sait qu'il cache la vérité. Sûrement pour la protéger.

Elle a toujours été rêveuse, mais pas naïve à ce point :

— Il ne vous a rien dit pendant tout ce temps ? Comment ce doit être quand il a quelque chose à raconter ! s'exclame-t-elle en se levant.

Charles comprend qu'il ne peut se taire. Il lui dit :

— Viens avec moi, Gaëdig. Je te raconte tout et tu en fais ce que tu veux. Ils partent de leur côté lentement.

— Voilà. Yves est mort le 23 septembre 1842, à Savannah.

— Où est-ce ? Je ne l'ai pas demandé à Mr de Kerjean, dit-elle

— En Amérique. En Géorgie, je crois avoir compris. Mais ne m'en demande pas plus.

— Il est tombé au bassin ?

— Non ! répond-il vivement. Puis, prenant son courage à deux mains, il continue :

— Des marins du « Caroline », sur lequel il était embarqué, l'ont retrouvé mort. Assassiné. Il a reçu des coups de couteau et on lui a volé la solde de la semaine qu'il avait touchée le matin même.

— On l'a tué pour lui voler son argent ?

— Oui et non.

Il souffle un peu. C'est difficile d'annoncer à sa veuve la vie de patachon que menait son époux. Mais c'est le lot de beaucoup de femmes de marins que de recevoir ce genre de nouvelles.

Devant le regard interrogateur de Gaëdig qui ne comprend pas ce « oui et non » énigmatique, il reprend :

— Il a été trouvé dans une maison close qui fait aussi office de tripot, de maison de jeux clandestins. Dans un lit à quelques distances du bateau.

Elle comprend tout :

— Il dépensait ses sous au bordel et au jeu ! il a certainement trouvé plus retord que lui. Je ne l'aimais plus, mon oncle, mais je ne souhaitais pas sa mort. Je ferai dire des messes pour le repos de son âme.

Oncle Charles est surpris devant la franchise de Gaëdig. Elle est forte sous ses airs de petite fille frêle et rêveuse.

Gaëdig et Charles s'en retournent tous deux vers Julie et ses filles. Gaëdig leur sourit gentiment :

— Oncle Charles vient de m'apprendre comment Yves est mort aux Amériques. Il a été assassiné.

Après avoir repris sa respiration devant leur air éberlué, elle continue :

— Ne vous en faites pas pour moi, je m'en sortirai toujours. Julie, viendras-tu avec moi demain voir monsieur le Recteur pour qu'il dise des messes pour le repos de son âme torturée ?

— Bien sûr que je viendrai.

— Oncle Charles, monsieur de Kerjean vous a-t-il dit s'il fallait avertir son frère et sa sœur à Cléden ?

— Non. La seule famille inscrite dans les registres, c'est toi, son épouse. Ils enverront certainement un courrier à sa famille plus tard, car ils ont leur adresse, qui leur avait été donnée avant qu'il ne s'installe ici. Mais cette famille, comme on doit l'appeler, n'a jamais daigné venir te rendre visite ni n'a voulu te connaître. Même à tes noces ils ne sont pas venus. Alors, ne t'occupe pas d'eux non plus.

Elle est tout à fait d'accord avec oncle Charles.

Sous le regard inquisiteur de Julie, elle explique :

— Julie, je te raconterai ce que tu brûles de savoir, mais ce soir. Je passerai vous voir à la ferme. En attendant, je vais rentrer me reposer. Je vous remercie tous d'être là.

Elle embrasse Julie, ses sœurs et Oncle Charles sur la joue et rentre chez elle. Le petit Guillaume était resté à la garde d'Anne-Guillemette qui se rendra aux Vêpres.

Une fois à la maison, elle se demande ce qu'elle doit faire. Quelle attitude adopter qui ne froissera pas les bonnes gens du bourg ? Car, bien qu'Yves n'ait pas été apprécié, il n'en est pas moins mort. Et la mort, ça se respecte !

On verra demain. En attendant, elle s'allonge et ferme les yeux.

La première vision qui lui vient c'est Guillaume. Elle ne peut pas aller le trouver.

Elle devra continuer à vivre comme avant pendant encore un bon moment.

Elle ne peut verser aucune larme. Elle n'est pas triste. Elle ne se réjouit pas non plus, mais son indifférence est visible.

Bah ! que les bonnes âmes pensent ce qu'elles veulent. Elle n'en a cure. Elle jouera à la veuve juste ce qu'il faut et pas trop. Puis…

Ses pensées se bousculent et tourbillonnent. Elle est libre !

Elle reste un peu sur sa couche et se relevant, décide d'affronter son avenir.

Elle se couvre d'un châle noir et prend le chemin de la ferme. Arrivée dans la cour, elle respire un grand coup et entre dans la maison. Tout le monde s'arrête de parler.

— Julie, mes sœurs, est-ce que l'oncle Charles vous a raconté ce qui s'est passé ?

— Non, répond Julie. Il est très discret, tu sais. Il ne se mêle pas de la vie des gens. Viens t'asseoir avec nous et raconte-nous si tu en as envie.

Elle en a envie. Déjà pour dédramatiser l'histoire. Dire les mots c'est un soulagement chez elle. Elle ne sait pas garder des non-dits.

Elle s'assied sur le banc, prend Guillaume dans ses bras et se met à raconter ce que Charles lui a appris.

— Yves était un marin comme tant d'autres. Aux Amériques, il a continué à vivre sa vie comme avant notre mariage. Ici, déjà, il ne pouvait se résoudre à vivre comme un homme marié, trop habitué qu'il était à être sans attaches. Il a été trouvé un matin mort dans un lit d'un bordel de Savannah. Un tripot où il allait jouer sa solde et y rencontrer – si je puis dire – des filles.

Devant le regard effaré de sa marâtre et l'air intéressé de ses sœurs, elle continue :

— Il a été frappé de coups de couteau dans le dos.

Julie et Anne-Guillemette en ont le souffle coupé.

Elles savaient que c'était un drôle de numéro, mais à ce point… Gaëdig reprend :

— Je ne changerai rien à mes habitudes. Je ne dirai rien à personne au sujet de sa mort. Nous seuls ici savons comment il est mort. Ça me rassure un peu de savoir qu'il ne peut pas venir me reprocher la naissance de Guillaume ni faire des histoires dans le village.

Il faut avertir Alexandre quand même.

Charles lui propose d'aller porter la nouvelle à Jeanne-Françoise, son épouse, pour qu'elle l'en informe dès son retour.

Catherine continuera à lui apporter de l'ouvrage chez elle ou le lui fera porter par un gamin du coin. Gaëdig ne sortira plus que pour aller à la messe et promener son enfant pour qu'il prenne l'air.

Alors qu'elle rentre chez elle, elle aperçoit Guillaume sortant de chez Charles. Elle comprend tout de suite que l'oncle l'a informé de la mort d'Yves. Ils se regardent intensément et il continue son chemin jusque chez lui. Il est discret. Il ne veut pas la mettre dans l'embarras.

Elle a la chance (s'il en est) d'avoir une famille peu regardante. Tant que les apparences sont sauves et qu'elle n'est pas à la charge de Julie ou d'Alexandre, tout va bien. Et puis de toute façon, elle n'a pas de biens sauf sa petite maison qui appartiendra un jour à son fils. Donc on ne peut la bannir ni la mettre à l'écart. Personne n'y comprendrait rien.

Elle ne sort pas, ne participe pas aux réunions de famille, va à la messe quand on lui garde Guillaume.

Alexandre est venu la voir dès qu'il est rentré de voyage. Ils ont parlé longtemps de ce qu'elle allait faire. Il ne peut pas les prendre chez lui, car ils ont déjà 3 enfants et la mère de Jeanne-Françoise, la Fanchenn qui a été très malade, est déjà à leur charge. Il est sincèrement désolé pour sa petite sœur à qui il a un jour présenté un homme qui n'était pas fait pour elle. Mais on ne refait pas le passé. Il faut qu'il pense à l'avenir. Étant sa seule famille de sang, outre son propre fils, il doit prendre les décisions pour elle. C'est comme ça.

Il sait qu'elle n'est pas riche, mais qu'elle est courageuse, alors il accepte de la laisser continuer à travailler chez elle pour Catherine. Il en informe Charles et personne ne peut y trouver à redire.

Guillaume-Jean vient souvent voir son fils. Il est au courant de l'amour qu'ils se portent toujours l'un l'autre.

— Sois patient, mon gars, lui dit-il un jour. Tu pourras certainement prétendre l'épouser un jour prochain et vivre avec ton fils. Elle est belle et jeune, et elle travaille bien. Mais garde-toi bien de précipiter les choses. Les rumeurs ne vous feraient pas de cadeau !

Il sera patient. Elle l'attendra.

Les jours se répètent. Gaëdig est toujours à la tâche, ravaudant, brodant, filant tout en élevant son garçon.

Guillaume attend son heure. Il rêve déjà à leur prochaine union. Ils en ont parlé un soir après l'amour. Il lui a dit :

— Ma Gaëdig, tu es veuve. Quand les documents officiels seront arrivés et que tu seras libre, voudras-tu m'épouser ?

Elle étouffe alors un sanglot. Il pense qu'elle va refuser, qu'elle ne peut pas pour une raison ou une autre, devenir sa femme. Mais elle pleure de joie. Enfin, elle pourra vivre heureuse, avec un homme qui l'aime et qui aimera leur fils.

— Oui, lui dit-elle. Oui, je t'épouserai.

Il l'enlace et la serre fort contre lui. Il est heureux comme rarement il l'a été. Mais il faut qu'ils attendent que le frère soit d'accord et il est absent. Ces absurdes traditions l'exaspèrent, mais il ne peut rien y changer. Pourquoi une femme ne peut-elle choisir de se remarier comme bon lui semble et avec qui elle veut ? Quand ce n'est pas son père, c'est son frère qui décide ou donne son accord ou un refus. Elle reste soumise aux hommes de sa famille et à l'église. À la morale !

Et puis tout le monde est désormais au courant de la mort de Kerloc'h. Quelqu'un a fini par parler. Mais personne ne sait quand il est mort. En septembre, dit-on. Oui, mais de quelle année ?

« Ce serait pas juste après que la petite est allée le retrouver ? Il était reparti aussitôt. Et la pauvre enfant est revenue enceinte ! ah, mais, le petit a survécu et il ne l'a pas connu. Quelle tristesse » ! Les suppositions vont bon train.

En janvier 1845, Guillaume et Gaëdig décident ensemble des dates à respecter pour leur futur mariage. Ils en ont assez d'attendre.

— Oui, mon Guillaume, Répond Gaëdig. Et on pourrait se marier au beau temps. Avant les travaux des champs. En juin, peut-être ?

— En juin, oui. Ça nous laisse le temps de préparer nos noces comme il se doit. Même si tu es veuve et censée être toujours dans la peine aux yeux des bigots, moi je suis garçon. J'ai le droit de fêter mon mariage comme je l'entends.

À la fin du mois de janvier, Guillaume va voir Oncle Charles et lui demande s'il peut avertir Alexandre de sa prochaine visite. Car, ne sachant pas si le frère de Gaëdig est parti ou à terre, il doit en passer par l'oncle qui va à Ploulec'h toutes les deux semaines.

Charles est surpris de la demande, mais sa discrétion habituelle l'empêche de poser des questions. Il a compris que le Guillaume a pris une grande décision concernant son avenir avec Gaëdig.

— Ça tombe bien, j'y vais demain. J'espère qu'il est là. Je pense que oui, car son épouse attend un autre enfant pour ces jours-ci. C'est le quatrième, mais ils en ont perdu deux. Je lui ferai part de ta demande, mon gars.

Charles avertit Alexandre le lendemain que Guillaume le sabotier veut lui parler.

Comme Alexandre doit se rendre à Saint-Michel, il rendra visite à Guillaume et verra sa petite sœur en même temps.

Il se présente chez elle un soir de février. Sa petite maison est toujours aussi bien tenue et chaude. Il y a un beau feu dans la cheminée et la soupe est cuite.

Gaëdig se pend au cou de son frère. Comme elle est heureuse de le voir. Surtout en ce moment. Elle a envie de partager son bonheur avec lui. Elle redevient la petite fille qui attendait son frère, il y a si longtemps.

Il se penche sur le petit être emmitouflé qui dort dans son berceau. Il est beau et Alexandre est heureux pour sa sœur.

Elle lui propose un bol de soupe avec du pain qu'il s'empresse d'accepter.

Elle lui demande :

— Que viens-tu faire par ici, Alexandre ?

— Guillaume le sabotier veut m'entretenir de quelque chose d'important. Comme je devais venir à Saint-Michel, j'en profiterai pour passer le voir.

Elle est inquiète, mais la lueur dans les yeux de son frère la rassure. Elle ne pose pas de question. Ces choses-là se règlent entre hommes.

Après avoir fini sa soupe, il part vers l'autre bout du village vers l'atelier de Guillaume. Celui-ci travaille encore. Il façonne de beaux sabots sculptés, ce gars. Un véritable artiste.

Alexandre entre et Guillaume s'arrête aussitôt de sculpter.

— Bonsoir, monsieur Alexandre. Je ne vous attendais pas de sitôt. Il est confus et sa timidité le fait bafouiller.

— Ne sois pas si timide, Guillaume ! lui dit Alexandre. Tu sais pourquoi je suis venu, alors je t'écoute.

Rassemblant son courage, Guillaume se lance :

— Vous êtes au courant, bien sûr, de l'intérêt que je porte à Marguerite.

— Pour sûr que je sais, s'esclaffe Alexandre. Et c'est plus que de l'intérêt, je crois ! Le rouge aux joues du sabotier devient plus intense. Mais il sait que l'homme est bienveillant.

— Je voudrais épouser votre sœur. M'accorderez-vous sa main ? C'est dit !

Taquin, le grand frère prend son temps pour répondre.

— Oui, mon gars. Je t'accorde sa main. Mais attention, ne t'avise pas de la rendre malheureuse comme elle l'a déjà été. Je n'ai qu'elle comme famille, alors je ne veux pas refaire la même erreur qu'avec son premier époux.

— Oh non ! jamais je ne la rendrai malheureuse ! vous en avez ma parole.

— Je te crois ! lui rétorque Alexandre en lui donnant une tape amicale. Et dis-moi, tu… On va être en famille. Et tu peux aller annoncer la nouvelle à Gaëdig. Elle doit être morte d'inquiétude. Moi je vais à la ferme le leur dire.

Guillaume est aux anges. Il sort sans fermer la porte de l'atelier et court vers Gaëdig.

Arrivé chez elle, il frappe à la porte et entre. Elle sursaute, mais le voyant elle arrête sa couture :

— Guillaume ! que t'as dit Alexandre ?

— Il m'a dit oui ! Gaëdig, il m'a dit oui ! on va pouvoir enfin vivre ensemble au grand jour.

Elle rit et pleure en même temps. Et leurs cris de joie réveillent petit Guillaume qui se met à pleurer.

Guillaume le prend dans ses bras et le berce :

— Mon fils !

À la ferme, on est content également. Pour d'autres raisons aussi. D'abord, Gaëdig sera sous la tutelle d'un homme, elle sera mariée donc ne sera plus sous la responsabilité de son frère ni de sa famille. Et surtout, elle ne sera pas à leur charge, car le sabotier subviendra à ses besoins. Comme s'ils s'étaient posé la question quand Yves buvait sa solde et ne lui donnait rien ! et en plus elle travaille toujours.

Le lendemain, Gaëdig et Guillaume se rendent à la mairie pour rencontrer l'officier de l'état civil. Ils doivent présenter des documents pour le mariage. Il leur faut donner les actes de décès de François et Marguerite, les parents de Gaëdig et surtout celui d'Yves Kerloc'h.

Elle ne l'a pas encore reçu, mais elle a fait écrire à l'adresse que Mr de Kerjean avait laissée. Personne ne lui a rien renvoyé ; ni solde, ni effets personnels, ni surtout l'acte. Donc ils prennent des dispositions pour se marier en juin, le 22, toutefois sous réserve que tout soit en ordre.

Mais ils sont confiants. Pourquoi quelque chose irait mal ? Ils vont se marier et rien ni personne ne les arrêtera.

Il y a beaucoup à faire pour se préparer aux noces. Guillaume qui est garçon, donc n'a jamais été marié, peut offrir un beau mariage à sa belle. Mais ils ne peuvent pas faire une fête grandiose. Dame ! elle est veuve, elle ne peut pas danser la gavotte sur la table de banquet quand même.

Le mois d'avril passe et ils sont de plus en plus impatients et en même temps inquiets. Ils n'ont pas reçu l'acte de décès d'Yves.

En mai, le 19 arrive le document tant attendu. Gaëdig ne sait pas lire et Guillaume pas assez pour déchiffrer ce qui y est dit. Ils demandent à Guillaume-Jean de leur lire ce qu'il peut.

Il y est dit que le Kerloc'h est mort à Savannah et que l'acte de décès a été transcrit au ministère des Affaires étrangères à Paris le 9 mai.

Le lendemain, 20 mai 1845, Gaëdig se rend à l'État civil de Saint-Michel-en-Grève déposer l'acte qui y sera enregistré le même jour.

Ils vont pouvoir publier les bans. Ce qu'ils feront les 8 et 15 juin sans qu'il soit fait opposition.

Ils se marieront le 22 juin 1845 à 6 heures du soir. En présence de Guillaume-Jean Le Bescond et de leurs témoins et amis, dont Jean-Marie Kerirzin qui était déjà présent lors de la déclaration de naissance du petit Guillaume.

C'est un bonheur absolu qui les entoure. Marguerite Le Dret, veuve Kerloc'h, est devenue épouse Le Bescond.

Ils s'installent dans la petite maison de Gaëdig, près de l'atelier d'oncle Charles.

Elle ravaude et file chez eux, il travaille à son atelier. Bientôt, ils installeront l'atelier du sabotier dans l'appentis à moitié écroulé qui jouxte leur demeure et qui sert de refuge aux pigeons. Il redresse le mur qui est tombé et répare le toit. Il peut désormais travailler près de chez lui et économiser ainsi un loyer.

Au tout début du mois de juillet arrive un journalier qui se présente à la ferme. Il cherche à se louer comme bon nombre de gens qui parcourent les routes de campagne à la recherche d'un travail au jour le jour.

Il n'a pas bonne allure, le gars. Se présentant un après-midi, il demande à voir le patron. Un garçon de ferme lui rétorque qu'il n'y a pas de patron, mais que l'exploitation appartient à Anne-Guillemette, la femme du menuisier de Saint-Michel.

Notre compère est étonné. Misogyne comme beaucoup de ses congénères, il a du mal à concevoir qu'une femme puisse être aux commandes de quoi que ce soit, si ce n'est dans sa cuisine et au lit. Qu'à cela ne tienne, il demande à qui il doit demander du travail.

— Dame ! à la patronne, lui répond le laboureur.

Il n'a vraiment pas envie d'obéir à une bonne femme, mais il n'a pas le choix.

Toutes les places ont été pourvues. Il est arrivé un peu tard, quand même !

Il se dirige vers le bâtiment principal de la ferme et interpellant une femme, il lui demande :

— Elle est où la patronne ?

Anne-Guillemette, qui pousse une brouette, se retourne et lui répond :

— Vous lui voulez quoi, à la patronne ?

— Ça m'regarde ! lui rétorque-t-il en lorgnant son postérieur, un sourire salace et stupide sur les lèvres.

— Ça vous regarde ? Alors, passez votre chemin.

S'approchant un peu plus, il lui lance dans un souffle aviné :

— Tu veux peut-être me le montrer, le chemin ?

Anne-Guillemette pose sa brouette. Tous ceux qui se trouvent dans la cour s'arrêtent de besogner et lorgnent dans sa direction. Certains se poussent du coude en gloussant, d'autres attendent la suite d'un air goguenard.

— Ah, oui, je vais te le montrer, moi, le chemin. Et elle lève la fourche qu'elle avait plantée dans le purin de la brouette.

Il recule devant cette mégère hystérique (pense-t-il) :

— Holà, ma belle. Je cherche du travail et on m'a dit que c'est une patronne qui gère tout ça.

Elle lui rétorque avec un sourire mauvais sur les lèvres :

— La patronne, tu l'as trouvée ! c'est moi. Et du travail, t'en auras, point. Quand on est capable de parler comme ça sans savoir à qui on a affaire, c'est qu'on n'a pas grand-chose dans le ciboulot. Et quand on pue l'alcool à 15 pas à même pas 3 heures de l'après-midi, on ne doit pas avoir le courage de faire grand-chose jusqu'au soir.

Il est très embêté et furieux :

— Le prenez pas mal, ma p'tite dame. Je savais pas que c'était vous.

— Eh bien, justement, maintenant, tu le sais. Et si tu ne réfléchis pas plus que ça avant de sortir des idioties, tu dois pas être bien malin ! allez, oust. Retourne d'où tu viens. Et je ne suis pas ta p'tite dame !

Sous les rires et les quolibets des employés présents dans la cour, il s'en va d'un pas hésitant.

S'arrêtant à l'entrée de la ferme, il se retourne et lance :

— Vous l'emporterez pas au paradis !

Sur ce, grommelant dans sa barbe, il se dirige vers le bourg et son accueillant cabaret. Il va y dépenser ce qui lui reste des quelques travaux qu'il a effectués dans la semaine. Après il repartira vers l'ouest. Vers son Finistère natal, où il sera certainement mieux reçu.

Il entre dans l'estaminet qui sent la fumée et la crasse. Ce n'est pas un endroit reluisant, mais la gnôle n'est pas trop mauvaise et pas chère et les filles de salle peu regardantes.

S'asseyant à une place libre à la grande table au milieu de la pièce, il commande un pichet et un peu de pain, histoire d'éponger l'alcool. Ses voisins de tables sont tous plus ou moins du même acabit. Des soiffards sans domicile qui louent leurs bras dans les fermes, mais pas trop souvent. Faut prendre le temps de boire ce qu'on a gagné, quand même !

Les vrais journaliers ou les saisonniers, habitués aux fermes des environs, logent sur place pour garder les sous qu'ils gagnent et élever une famille.

Un vieux, crasseux, mais à jeun, lui demande :

— D'où tu viens, mon gars ? t'as pas le parler d'ici !

— Je suis du Finistère. De Pont-Croix ! t'as quec'chose contre ?

— Non, non ! moi-même suis de Plogoff, mais j'ai échoué dans ce trou il y a longtemps. Et je sais reconnaître quand un gars l'est pas d'ici ! surtout un pays ! tu viens chercher du travail ?

— Ouais ! mais j'arrive un peu tard. J'avais trouvé du côté de Lannion, mais ils m'ont pas gardé faute que j'ai souvent soif ! alors je rentre par chez moi, mais en attendant d'y arriver, faut bien que je trouve des sous !

— T'as été voir à la ferme Le Marec ? À la sortie du bourg plus dans les terres ?

— Celle qu'est tenue par une bonne femme ?

— Oui

— Elle m'a foutu dehors ! paraît que je suis pas respectueux et que je pue la gnôle !

— Ah, ça elle est pas commode la Anne-Guillemette ! mais elle paie bien et nourrit bien ses gars. Dommage !

Le gars de Pont-Croix se sert une nouvelle tournée et regarde le fond de son gobelet. Il l'a mauvaise de s'être fait traiter de la sorte par une rombière !

Une souillon s'approche pour nettoyer la table devant lui :

— Alors, on est triste ? On a besoin de compagnie ?

— Pas de refus, lui répond-il.

Ils sortent par l'arrière du troquet et font leur affaire dans la grange, ce qui ne prend pas longtemps. Une fois qu'ils ont terminé, elle lui demande :

— T'as été chez la Le Marec ?

— Oui.

— Tu sais que le mari de sa nièce était du Finistère ?

— Ah non ! il est où ?

— Il est mort. Je te raconte ?

— Je veux bien. Peut-être que je le connaissais !

— Il s'appelait Yves Kerloc'h. Et il venait du Finistère. Un coin du nom de Cléden ou Cléven.

— Cléden. Je connais, c'est mon pays. Et des Kerloc'h j'en ai connus aussi.

— Eh bien, celui-là c'était un drôle d'oiseau, mais réglo avec nous. Il a marié la Marguerite qu'avait à peine 19 ans et lui plus de 30. Il venait souvent ici, jouer et… bon. Il était marin et il partait tout le temps. Il est mort aux Amériques. Mais il a laissé un cadeau à sa veuve. Elle était enceinte la dernière fois qu'il est reparti pour ne jamais revenir. Enfin, nous on l'a jamais revu ici. C'est elle qui était allée le retrouver chez lui, à Cléden parce que l'escale à Brest était trop courte pour qu'il vienne. Le petit a un peu plus d'un an maintenant. Et la veuve s'est remariée y'a tout juste deux semaines.

— Et il est mort là-bas ?

— Oui. Assassiné, qu'on dit, à coups de couteau. Dans un bordel tout à côté du bateau. On lui avait volé sa solde du matin. Remarque, il aimait jouer. Ça n'a rien de bizarre.

Sur ces bonnes paroles, ils rentrent dans le bistrot et lui se remet à boire jusqu'à s'écrouler dans un coin où il se réveille le lendemain au bruit que font les filles de salles.

Son baluchon sur l'épaule, il repart vers l'ouest. Vers chez lui. Avec l'idée d'aller voir les Kerloc'h qui ont perdu un fils, un frère et qui pourraient peut-être l'embaucher.

Après plusieurs jours de marche pendant lesquels il a mendié et dormi à la belle étoile, il arrive à Pont-Croix, chez lui. Il entre dans un café à l'entrée du bourg, avant même d'aller dans ce qui lui reste de famille. Le café est encore le lieu le plus sûr pour trouver des renseignements.

Il s'assied à une table et commande sa boisson. Du cidre, car il n'a pas assez pour la gnôle.

— Dis-moi, demande-t-il au patron venu le servir. Est-ce que tu connais les Kerloc'h qu'ont une ferme ici ?

— Je connais des Kerloc'h, propriétaires d'une ferme, mais ils sont à Brézoulous.

Pourquoi ?

— J'ai rencontré des gens qui sont en famille avec, alors je vais leur dire bonjour. Tu dis Brézoulous ?

— Oui, à 3 heures de marche d'ici, avant d'arriver à Cléden-Cap-Sizun.

— Je connais un peu par là-bas. J'irai demain. En attendant, je vais me faire héberger chez ma sœur et son mari.

Il sort en titubant et se rend chez sa sœur.

Il n'est pas très bien accueilli, mais il en a l'habitude. C'est même pour ça qu'il est parti sur les routes. Pour ne plus entendre les reproches. Dame, sa sœur et son mari sont des travailleurs. Lui, il aime prendre son temps.

On ne le jette pas dehors pour autant. Et s'il veut travailler, il peut aider.

— Je dois d'abord me rendre à Brézoulous et je reviens.

— Qu'est-ce que tu vas donc faire là-bas ? lui demande sa sœur.

— Voir des gens, répond-il.

Le lendemain, il reprend la route et se rend directement à la ferme Kerloc'h. C'est une belle exploitation. Grande et bien tenue.

Il demande à voir les patrons. Cette fois, il parle au pluriel pour ne pas risquer de se faire jeter dehors par une mégère énervée.

Un garçon de ferme méfiant lui demande :

— Tu cherches de la besogne ?

— Non. Enfin, oui. Mais là, je reviens des Côtes-du-Nord et j'ai rencontré des gens de la famille. Je voulais leur raconter ça.

— Je vais chercher M'sieur Kerloc'h. C'est le propriétaire. Ou bien sa sœur, Marie-Catherine.

— Non, non ! pas la sœur. Lui, le patron c'est bien, dit-il, se souvenant de l'échange avec la patronne de la ferme à Saint-Michel.

On le fait attendre dans la cour. Au bout de plusieurs minutes arrive un homme de haute taille, large d'épaules.

— C'est toi qui veux me parler ?

— Oui, monsieur, répond l'homme en ôtant son chapeau informe et crasseux.

— Qu'as-tu donc à me dire ?

— J'arrive de Saint-Michel-en-Grève où on m'a parlé d'un Yves Kerloc'h. Un parent à vous ?

— Oui, mon frère. Il était marin.

— Était ? Alors vous savez qu'il est mort aux Amériques !

— Oui. On a reçu son acte de décès. Et alors ?

— Alors rien. Je n'ai malheureusement pas eu le temps de saluer sa veuve.

— Pourquoi aurais-tu voulu la saluer ? Tu la connais pas !

— Non, c'est vrai, dit-il, bredouillant. Surtout qu'elle s'est remariée en juin. Elle doit aller bien.

— C'est sa vie, pas la mienne. Mon frère est mort, sa veuve se remarie. Leurs deux premiers enfants sont mort-nés, d'après ce qu'on m'a dit. Que faire ou dire de plus ?

— Le troisième a passé la première année, à ce qu'on m'a dit, rajoute-t-il.

— Quel troisième ? rétorque Jean-Michel, sur ses gardes.

— Bah, quand elle est venue ici retrouver son mari une dernière fois avant qu'il reparte pour les Amériques, elle s'est retrouvée enceinte et le petit est bien vivant. Un garçon, qu'on m'a dit.

Interloqué, Jean-Michel reste coi. Lui indiquant la ferme, il lui intime l'ordre de le suivre. Ils rentrent dans la pièce principale. Le patron lance à un jeune garçon assis à table :

— Va chercher ta mère au lavoir. Qu'elle vienne tout de suite, Marie Catherine arrive quelques minutes plus tard.

— Dis-moi Katell, te souviens-tu avoir vu ici la veuve de notre Yves ?

— Dame, non ! on la connaît même pas. On n'est pas allés aux noces et elle n'est point venue ici !

— Alors on a un problème !

— Quel problème ?

— Monsieur, ici présent, est passé par Saint-Michel-en-Grève et me rapporte que la veuve d'Yves s'est remariée il y a deux semaines. Mais le plus beau, c'est qu'elle a un garçon d'un peu plus d'un an qu'elle aurait conçu ici pendant sa visite à notre frère pendant une escale !

Ils se regardent sans rien dire. L'homme qui a apporté la nouvelle est gêné par le silence qui s'installe. Il voudrait repartir.

— Pars donc, mon gars. Avant si tu veux boire et manger, va dans l'appentis à côté de la grange. Et dors-y si tu veux. Si tu cherches du travail, va voir le beau-père. Il est assis à la porte de la grange.

Ce qu'il fait aussitôt.

Jean-Michel et Marie-Catherine entament une discussion basée sur des calculs savants : si la veuve a un enfant d'un an à peu près, il est né en 1844. Et donc il ne peut pas être d'Yves puisque selon son acte de décès, celui-ci est mort aux Amériques en 1842.

Un garçon hérite de la part de son père, mais pas la veuve. Donc, si le petit est un bâtard, il faut le prouver.

La décision est vite prise. Jean-Michel devra aller à Quimper voir ce qu'il peut faire.

— Avant de partir là-bas, demande donc à Jean-Guillaume Carval, le cousin de la mère. Il sait tout, ou presque. Et il est proche du maire. Ils peuvent nous conseiller.

— Pas bête, ma sœur ! dit-il. J'y vais à l'instant.

Et enfonçant son chapeau sur son large front et prenant sa besace sur l'épaule, il part pour Cléden. Enfin, un peu avant, à Pont-Avalou. Carval aussi a une belle ferme. Il doit être aux champs à cette heure.

Jean-Michel marche d'un bon pas et arrive une demi-heure après en vue de la ferme. En arrivant, il avise une fille qui donne du grain aux poules :

— Dis-moi, ma belle, il est où, M. Carval ?

— Au puits avec les gars, monsieur Kerloc'h.

Il est connu ici aussi. Satisfait, il se dirige vers l'arrière de la bâtisse principale et voit 3 ou 4 hommes affairés autour du puits. Il s'annonce de sa voix puissante :

— Bonsoir, Jean-Guillaume. Content de te voir

L'intéressé se retourne et sourit en voyant son petit cousin :

— Bonsoir à toi, Jean-Michel. Qu'est-ce qui t'amène ici ?

— J'ai besoin d'un conseil avisé et assez urgent. Je peux te parler ?

— Sûr !

Et se tournant vers ses hommes :

— Continuez à curer, c'est presque terminé. J'ai à faire.

Ils se dirigent tous deux vers la ferme.

Guillaume-Jean sort une bouteille de cidre de la glacière et deux bolées. Une fois assis et servis tous les deux, il demande à son visiteur :

— Alors, qu'y a-t-il de si important que tu viennes jusqu'ici à cette heure ?

— Tu te souviens que mon frère Yves s'est marié à une des Côtes-du-Nord en 1835 ?

— Oui, oui. Vous ne vouliez pas en entendre parler. C'est y pas une d'ici que tu voulais lui demander d'épouser ? Une qui aurait apporté une belle dot en fermages et en bois ?

— Oui. Mais il s'est entiché de celle de Saint-Michel-en-Grève et s'est marié. On n'y est pas allés, à la noce. Trop loin !

— Et alors ?

— Alors, notre Yves est mort en Amérique en 1842, tu le sais. Il n'est jamais revenu en France, mais sa veuve, Marguerite, s'est remariée, il y a deux semaines, et elle a un garçon, un Kerloc'h, qui a un peu plus d'un an.

L'autre, tout ouïe, commence à gamberger.

— Elle a raconté qu'elle était venue à Cléden rejoindre son époux, mon frère, pendant une de ses trop courtes escales, et qu'elle serait rentrée chez elle enceinte.

Après un court silence :

— Yves n'est jamais revenu ici, et elle n'a jamais mis les pieds à Cléden. Donc, le garçon est illégitime. Tu comprends ? Un bâtard ! Or, si la veuve ne peut rien réclamer des biens de notre famille, le gars oui. Mais s'il est illégitime, il n'a rien.

— Et que veux-tu faire ? Intenter un procès ?

— C'est pour ça que je viens te demander conseil. Toi qui connais le maire et aussi le juge de paix, tu peux certainement trouver comment faire.

— Écoute, je vais voir demain ce que je peux faire. J'enverrai un garçon de courses t'apporter un message. D'accord ?

Soulagé, Jean-Michel respire mieux.

Depuis le temps que le petit dernier faisait parler de lui avec ses frasques et ses idées farfelues, il fallait bien qu'il rencontre un problème de ce genre. Lui et sa sœur ont trop œuvré à l'agrandissement du domaine et ont trop travaillé la terre pour la voir partir en morceaux. Il n'a rien contre la veuve ni contre l'orphelin, mais il n'est pas prêt à leur servir sur un plateau tant d'années de labeur et de sacrifices. Il a marié une fille d'ici juste pour ajouter les terres limitrophes à celles de ses parents, pas parce qu'il était amoureux.

Quoique, le frère lui avait confié que la Marguerite, en plus d'être très jeune et jolie, n'avait qu'un frère propriétaire et patron de son bateau, qui lui ferait une très jolie dot !

Après avoir conclu cet arrangement, il accepta de souper avec eux. Il repartit un peu pompette, mais plus soulagé qu'à l'aller.

Mr Carval alla trouver son vieil ami Jacques Donnart, maire de Cléden-Cap-Sizun et comme lui, cultivateur et propriétaire terrien.

L'entretien fut long, car Jacques dut demander à un commis de quérir le juge. Une fois réunis, les trois hommes tinrent conseil. Il en ressortit que Jean-Michel devait faire une demande de rectification du nom de l'enfant près le tribunal civil de Lannion où l'état civil était enregistré afin de le déchoir de sa part d'héritage. Ils écrivirent leur requête sur papier timbré, celle-ci devant être officielle, car comme le leur dit Mr le Juge :

— Il est écrit dans l'avis du Conseil d'État du 13 nivôse an X, inséré au bulletin des lois de l'An XI, que « la rectification des registres ne peut avoir lieu que par suite d'un jugement provoqué par les parties intéressées ».

Or, si un jugement est demandé, il faut que cela soit officiel ! et il n'aura pas besoin de se déplacer à Quimper.

— Faisons donc la demande officielle, dit Jean-Michel. Je peux bien payer un papier timbré pour sauver une partie des biens de la famille.

La décision prise, la demande en rectification de l'état civil de l'enfant fut expédiée par la poste au tribunal civil de Lannion.

Juillet puis août 1845 passèrent sans que rien ne change. Aucune nouvelle du Tribunal de Lannion. D'après Mr Carval, ce n'est pas dramatique. Il faut du temps pour régler toutes les affaires courantes et celle-ci n'est arrivée au bureau du procureur du roi que récemment. Rien n'est encore décidé.

Pendant ce temps, Gaëdig, ne se doutant de rien, file le parfait amour avec son nouvel époux et leur fils. Ils ne roulent pas sur l'or, mais vivent bien. Ils ont du travail tous les deux. Le petit Guillaume ne pose aucun problème. D'une santé robuste, il est enjoué et vif. Que demander de plus après ces années d'incertitude et de tristesse ? C'est le bonheur qu'ils attendaient tous les deux.

En décembre, un courrier arrive au nom de Marguerite Le Dret veuve Kerloc'h. Alexandre, étant à Saint-Michel, se propose de lui lire le contenu de la lettre. Il est curieux : celle-ci émane du tribunal civil de Lannion et a un air très officiel.

Gaëdig est inquiète. Elle a du mal à imaginer que quelque chose la rattache encore à Yves, et elle est loin de penser à ce qu'ils découvrent dans le courrier.

Le procureur du Roi l'informe qu'elle devra se rendre au tribunal de Lannion le 9 février prochain afin de régler une affaire d'État civil erroné de l'enfant Guillaume-Jean Kerloc'h.

D'un seul coup, Gaëdig est confrontée à son mensonge. Il va falloir faire face à la réalité : elle a menti, elle doit en subir les conséquences. Et son enfant va en pâtir. Elle est effondrée. Que faire ?

— Tu ne peux pas faire autrement que de te présenter au Tribunal à la date écrite. On verra ensuite, lui dit Alexandre. Il ne s'agit que d'un problème administratif. Je vais me renseigner auprès du maire. Peut-être sait-il quelque chose à ce sujet.

Il se rend au bureau de monsieur Geffroy ; le maire de Saint-Michel le reçoit avec courtoisie. Il a connu son père, François, quand il était douanier, ainsi qu'Alexandre lui-même, qui a bonne réputation.

— Que me vaut ta visite, Alexandre ? lui demande-t-il.

— Ma sœur Marguerite vient de recevoir une lettre du tribunal civil de Lannion et on ne sait quoi en penser. Ça concerne son fils.

— As-tu apporté la lettre ?

— Oui, la voilà.

René Geffroy prend connaissance du contenu de la lettre et le regarde :

— Quand est né le petit ?

— En mai de 1844.

— Je dois regarder dans le registre de l'État civil de l'an passé. Attends-moi un instant, je reviens.

Il sort de son bureau et interpellant un homme qui écrit derrière une table couverte de document, lui demande :

— Pouvez-vous m'apporter séance tenante les naissances de l'année dernière, s'il vous plaît ?

— Rien de plus facile, monsieur le Maire, le registre est sur cette étagère.

Et il le lui tend après l'avoir repêché sur le haut d'une pile de papiers.

Mr Geffroy retourne dans son bureau où Alexandre l'attend patiemment.

— Nous y voilà, dit le maire en trouvant la page récapitulant la naissance de l'enfant. Guillaume-Jean, fils de Yves Kerloc'h, marin, et de Marguerite Le Dret. D'après ce que je lis dans la lettre, quelqu'un a demandé la rectification du patronyme du petit Guillaume.

Alexandre comprend ce qui se passe :

La famille d'Yves demande que le nom de Kerloc'h ne soit plus attribué à Guillaume. Gaëdig va être confrontée à un scandale qui lui rendra la vie impossible. Mon Dieu, que faire ?

Devant l'air attristé d'Alexandre, Mr Geffroy lui dit :

— Écoute, mon garçon, je ne me mêle jamais de la vie de mes administrés, tu le sais bien. Et je connais la réputation de toute ta famille. Ta sœur a épousé le mauvais gars qui a mal fini aux Amériques. D'après ce qui m'a été rapporté, il menait une vie dissolue comme beaucoup de marins. Il a joué et perdu. Triste fin. Marguerite n'a pas fraudé en ce sens qu'elle n'a pas fait enregistrer l'acte de naissance. Je dirais qu'il y a eu un malentendu au moment de la déclaration par un tiers. Et pour le reste, cette histoire peut bien rester entre vous.

Il a le regard qui brille de malice gentille et contenue. Il reprend :

— Ta sœur doit se rendre au tribunal civil. Comme elle n'est pas riche, elle ne sera pas assistée, mais je peux lui recommander quelques petites choses et également écrire à monsieur le Procureur.

Alexandre se rassure un peu.

— D'accord, monsieur le Maire. Je vous remercie de ce que vous pourrez faire pour Marguerite qui a bien assez souffert. Ils se serrent la main et se séparent.

M. Geffroy se met aussitôt à la rédaction d'une lettre de recommandation à l'intention du procureur du Roi. Il y explique que les personnes qui ont déclaré la naissance du fils de Marguerite Le

Dret l'ont fait en toute honnêteté. Lorsqu'il s'est agi de donner le nom de l'époux, ils ont présenté celui de Kerloc'h Yves Guénolé, marin. Bien que celui-ci soit mort dans des conditions pour le moins étranges… assassiné (dit-on) dans une maison ! et que lui-même, maire de Saint-Michel-en-Grève n'y a pas vu malice non plus et que la retranscription de l'acte de décès du dit Kerloc'h dans le registre l'a été tardivement et n'a pas suscité d'interrogations.

Une fois timbrée et scellée, il fait porter la missive à la poste pour expédition urgente et rapide.

Il ne reçoit pas de réponse avant la date du jugement, mais cela ne l'inquiète pas, car les tribunaux sont submergés d'affaires et n'ont pas le temps de répondre à toutes les sollicitations personnelles.

Le 9 février 1846, Gaëdig, son époux et son frère se présentent au Tribunal de Lannion. Elle est effrayée. D'abord, c'est la première fois qu'elle entre dans cette grande ville bruyante et très peuplée. Et puis elle n'a jamais été confrontée à ce genre de situation. Elle se sent humiliée avant même de pénétrer dans le bâtiment. Elle a l'impression que tout le monde sait qu'elle a fauté.

Dans la salle d'audience, il y a du monde. On appelle les affaires les unes derrière les autres.

Quand on appelle son affaire, Gaëdig manque de tourner de l'œil. Elle suffoque. Si Guillaume et Alexandre n'étaient pas là, elle s'enfuirait à toutes jambes.

On ne lui demande rien, on lui lit ce qui a été décidé :

Comme l'enfant est né 20 mois après le décès de son époux aux Amériques, il ne peut avoir été conçu par lui et est donc illégitime. Mais comme l'a déclaré monsieur le Maire de Saint-Michel-en-Grève, les éléments fournis lors de l'inscription à l'État civil l'ont été en toute bonne foi par des personnes étrangères à la famille de Marguerite Le Dret. Le nom du père était tout simplement celui de l'époux.

Par conséquent, il sera ajouté un paragraphe à l'acte de naissance de Guillaume-Jean Kerloc'h stipulant qu'il est le fils naturel de Marguerite Le Dret.

Le nom de Kerloc'h ayant été inscrit au registre et l'enfant étant vivant, il lui est consenti de s'appeler Guillaume-Jean Le Dret dit Kerloc'h. Ce patronyme ne pourra cependant pas être transmis à ses descendants ni être utilisé dans une quelconque demande de succession.

Dans la salle d'audience, un homme est là, le sourire aux lèvres. Il est soulagé. Le petit Guillaume ne sera pas intégré à la succession des biens de la famille Kerloc'h.

Gaëdig, Guillaume et Alexandre sortent du palais de justice. Il se fait tard, ils ont faim et soif. Se dirigeant vers une auberge, ils décident de se restaurer avant de reprendre la route en diligence pour Saint-Michel.

Elle ne comprend pas tout, alors elle demande à Alexandre ce que cela signifie.

— Ton fils ne peut pas porter le nom de Kerloc'h puisqu'il a été conçu après la mort d'Yves. Sa famille a demandé la rectification pour des questions d'héritage, je suppose. Donc Guillaume est ton fils naturel, lui explique Alexandre.

— Mon fils est donc un bâtard ! rétorque-t-elle en pleurant, elle qui n'a pas versé de larmes depuis la mort de ses parents.

— C'est malheureusement ainsi, dit Alexandre. On ne peut rien y faire. Les gens savent calculer, ma Gaëdig. Mais je me demande comment la famille du Finistère a eu vent de cette histoire. Tu es heureuse avec Guillaume qui est un bon gars. Alors, vivez sans vous poser d'autres questions et il est votre enfant à tous les deux.

C'est facile à dire pour un homme qui a tous les droits. Elle, elle ne sera jamais plus tranquille parce qu'elle pressent que les « bonnes âmes » vont parler.

Mais leur vie continue sans plus de soucis, pour l'instant.

En juin 1846 arrive à l'état civil le jugement du 9 février, enregistré au tribunal civil de Lannion le 18 février, et ratifié le 27 du même mois.

Le 27 juin 1846, le petit Guillaume Jean, né le 9 mai 1844, change officiellement de nom. Il sera désormais le fils naturel de Marguerite Le Dret.

Même si Gaëdig, Guillaume et Alexandre gardent toute cette histoire pour eux les langues se délient et les médisances vont bon train. Dame, c'est pas tous les jours qu'on peut raconter des histoires vraies, bien salées, sans se soucier du mal qui est fait.

Aux veillées, les mauvaises langues s'arrêtent de baver dès que Gaëdig apparaît.

Julie et Anne-Guillemette restent sourdes aux critiques et ne répondent pas aux questions insidieuses.

— Alors, Julie, il paraît que notre maire a dû changer quelque chose sur la naissance du petit Guillaume.

Julie serre les dents et ne répond rien de précis :

— Je n'en sais rien. C'est la vie de Gaëdig, pas la mienne. Si vous voulez des détails pour vos commérages, demandez-le-lui !

Mais jamais elles n'oseraient affronter Marguerite Le Dret qui les enverrait paître sans se démonter. Gaëdig n'est plus une enfant et elle a vécu des choses que peu d'entre elles ont connues. Elle a toujours l'air fragile et rêveuse, mais elle n'a jamais eu les deux pieds dans le même sabot. Et pour une femme de sabotier, c'est facile. D'ailleurs, un soir que deux bonnes femmes discutent à la porte de chez l'une d'elles, Gaëdig surprend des bribes de conversation. Elle ne sait pas faire semblant. S'approchant des vieilles jusqu'à se faire reconnaître, elle s'arrête et les fixe.

— Tiens, Marguerite ! quel bon vent t'amène ?

— Le bon vent va se transformer en orage, les vieilles. Je ne suis pas la traînée que vous dites. Mon fils est mon fils. Auriez-vous préféré que je l'abandonne aux bonnes sœurs ? vous en auriez gaussé tout autant ! laissez ma vie et occupez-vous de celle de vos filles qui ne sont pas toujours bien propres. Et si une seule d'entre vous a vécu ce que j'ai vécu, qu'elle me le dise et on en parlera. Mais laissez mon fils tranquille. Je ne vous demande rien. Je ne suis une charge pour personne et j'ai épousé un gars bien. Mais le bonheur vous offense, n'est-ce pas ? C'est tellement plus facile de salir que de laver !

— Mais qu'est-ce qui te prend ? On parlait de tout et de rien !

— Et en plus, vous proférez des mensonges. Mais à confesse on vous absoudra de ce péché et à la messe vous paraîtrez de bonnes vieilles bienveillantes. Je connais vos langues de vipères et je ne les tolérerai pas plus longtemps.

Sur ce, elle tourne des talons, au bord des larmes et s'en va d'un pas décidé vers chez sa marâtre. Julie, la voyant dans un état d'énervement rare chez elle, lui demande aussitôt ce qui ne va pas.

— Les vieilles commencent à jaser. Je les ai surprises à parler de mon « bâtard » et de son père. Elles ne savent rien, mais inventent tout ce qu'elles peuvent pour être au centre de prochaines veillées ou pendant les fêtes.

Julie est bien embarrassée. Elle aussi a subi certaines remarques déplacées ou des sous-entendus auxquels elle n'a pas répondu. Elle n'est pas aux premières loges alors que Gaëdig, si.

— Ma chère enfant, tu ne pourras jamais empêcher les mauvaises langues de répandre leur venin.

Sur ce arrivent les deux sœurs – ou demi-sœurs – de Gaëdig. Elles s'arrêtent net en la voyant et se coulant des regards en fourbe, rougissent à qui mieux mieux. Gaëdig sait bien que les ragots sont partis d'ici. Anne a déjà 22 ans et n'est pas courtisée. Avec son sale caractère, son teint terreux et son gros derrière elle n'est pas attirante. Et sans fortune, elle ne peut rien faire qu'attendre. Jeanne-Julie, elle, présente un visage plus avenant. Elle ressemble à leur père. Mais elle boite. Elle est née avec une malformation de la hanche qui la fait claudiquer et traîner les pieds.

Ces deux-là sont toujours ensemble à raconter des histoires, même inventées de toutes pièces. Et là, elles tiennent un sujet qui durera très longtemps.

Gaëdig les regarde dans les yeux tour à tour et faisant volte-face, s'en retourne chez elle.

Guillaume est là pour l'accueillir. Voyant ses yeux rougis par les larmes, il lui demande gentiment :

— Que se passe-t-il, ma douce Gaëdig ?

— Les langues se délient et les ragots vont bon train à mon sujet. Les vieilles commères veulent me faire avouer une honte que je ne ressens pas. Et une faute qui n'en est pas une ! j'en ai rabroué deux ce soir. Et demain, tout le bourg nous tournera le dos.

Guillaume est triste pour elle. Il ne veut que son bonheur. Alors il lui déclare :

— Gaëdig, j'ai un métier qui nous fait vivre ici et j'ai bonne réputation. Mes sabots se vendent très bien.

— Oui, tu as de l'or dans les mains.

— Mon frère, Noël, qui est également sabotier à Plufur, m'a fait savoir il y a peu, par l'intermédiaire de mon père, qu'il y a du travail là-bas. Les châtelains se réinstallent après des années sans avoir mis les pieds au château. Après les malheurs de la Révolution, ils ne se sont plus montrés. Il est question de remettre le château en état et déjà ils ont des domestiques et les fermiers du coin ne se plaignent pas du manque de besogne.

Gaëdig attend. Elle ne sait pas où est Plufur. C'est loin ? C'est grand ? Si c'est comme Lannion elle ne se sent pas le courage de partir s'y installer.

— Et à Plufur, j'ai un ami de longue date, Toussaint Le Guillou qui est propriétaire terrien. Je connais aussi son oncle, Guillaume Geffroy.

— Geffroy comme le maire de Saint-Michel ?

— Oui, mais je ne sais pas s'ils sont parents.

— Et que veux-tu faire, mon Guillaume ? Il la regarde gravement :

— Je pars demain rendre visite à mon frère, je vois si on peut s'installer et je rentre le soir. On prendra ensemble une décision.

— D'accord. On attend demain et on se décide.

Le lendemain matin, Guillaume attelle la carriole et part vers Plufur. Il se présente d'abord à la ferme de son copain Toussaint. Ce dernier est étonné de le voir, mais heureux de le retrouver.

Il travaille dans la grange quand Guillaume arrive.

— Mais c'est Guillaume le sabotier ! ça alors ! quel bon vent t'amène ? lui demande-t-il en le serrant dans ses bras.

— Toussaint ! comme je suis content de te voir. J'arrive tout droit de Sait Michel en Grève. Je rends visite à mon frère Noël, à Kerhoant.

— Ce n'est pas une mauvaise nouvelle que tu viens lui annoncer, au moins.

— Non. Il a parlé de travail en quantité ici, et j'ai une famille à nourrir, alors je viens voir.

— Tu es marié ? Depuis quand ?

Il élude la question en parlant en même temps que son ami :

— Et notre fils mange comme 4. Il a 2 ans déjà.

Toussaint est juste heureux et ne pose pas de questions inutiles.

— Entre boire un coup de frais, par cette chaleur tu as dû en avaler de la poussière en chemin.

— C'est pas de refus.

Et ils entrent dans la salle principale de la ferme qui a l'air prospère.

Toussaint voit le regard de son ami et dit :

— Oui, Guillaume, depuis que les châtelains reviennent régulièrement, on travaille bien. Dame ! ils sont nombreux : le propriétaire, sa femme, une férue de théâtre, leurs 3 filles et leurs 2 fils ; plus tous les domestiques, et leurs amis qui viennent fêter tout et rien ou qui viennent chasser ça donne du travail et des sous !

Guillaume comprend qu'ils vont certainement pouvoir s'établir dans le coin.

Après avoir bu et mangé un morceau avec son ami, il repart en promettant de revenir bientôt.

Noël habite à Kerhoant, un lieu-dit tout près du bourg. En 10 minutes, il est arrivé. Son frère est dans son atelier. Pas plus grand que celui qu'il utilise à Saint-Michel. Le bruit lui fait lever la tête. Un grand sourire illumine son visage.

Noël est son jeune frère, et il est aussi doué que lui. Ils ont ça dans les mains pour ne pas dire dans le sang. De père en fils, ils sont sabotiers, et leur réputation n'a jamais failli.

— Guillaume ! ça alors ! je suis content de te voir.

— Noël, je suis bien heureux aussi. Comment vas-tu ?

— Bien. Tout va bien, lui répond-il en le prenant par l'épaule. Entre. Il fait bon à l'intérieur.

Ils entrent dans l'atelier qui sent bon le bois, la sciure et le cuir.

Guillaume se lance :

— Dis-moi. Tu as dit au père qu'il y avait de la besogne à partager ici. C'est vrai ?

— Oui, c'est vrai. J'arrive tout juste à honorer mes commandes en travaillant 15 heures par jour. Tu veux quitter Saint-Michel et venir t'installer ici ?

— C'est un peu pour ça que je suis venu en fait. Ma femme et moi aimerions bien changer de coin. Sa famille se résume à son grand frère, Alexandre qui navigue et n'habite plus au village. Sa marâtre et ses demi-sœurs sont bien gentilles, mais un peu sur notre dos. Et ma Gaëdig est une petite sauvageonne qui, même si elle respecte les règles, ne veut pas être dirigée.

— Tu es marié ? Je n'en ai rien su.

— Oui, et on a un fils, Guillaume-Jean, qui a pris 2 ans en mai. On n'a pas fait grande fête, car Marguerite est veuve.

Noël est ravi. Avec son frère, il pourrait agrandir l'atelier et avoir un meilleur rendement. Mais avant, il doit lui dire quelque chose :

— J'ai une promise. Elle s'appelle Françoise Hillion et habite chez ses parents à Buhulien. Ils sont sabotiers aussi et établis là-bas. Pour la marier, je dois y demeurer quelque temps. Si tu veux t'installer ici seul en attendant que je rentre avec mon épouse, on ne fermerait pas l'atelier et quand je reviens on agrandit. Qu'en penses-tu ?

Guillaume ne tergiverse pas :

— Ça me paraît une excellente idée, petit frère. Top-là !

L'affaire est entendue. Après avoir convenu de la date du 1er août pour emménager, il quitte son frère et reprend la route. Il passera dire bonjour à Guillaume Geffroy et sera rendu à Saint-Michel avant la nuit tombée.

Rentré chez lui, il aperçoit Gaëdig qui file tout en surveillant Guillaume. Le petit garçon joue avec des morceaux de bois que son père lui a donné après en avoir retiré toutes les aspérités.

Elle se lève et le regarde avec crainte et curiosité :

— Alors, mon Guillaume. Comment ça s'est passé ?

— Très bien, Gaëdig. On peut partir pour le 1er août. Noël nous attendra. Il doit partir à Buhulien demeurer quelque temps avant ses épousailles avec la fille du sabotier du bourg et ensuite il rentrera. Je garderai son atelier et sa petite maison. Lui, il sera employé chez ses futurs beaux-parents. Quand il reviendra, on agrandira certainement, car il y a beaucoup de travail.

Le 1er août. Si elle compte bien, ce sera dans 3 semaines. Elle aura juste le temps d'emballer leurs affaires, de faire démonter ses meubles qu'elle ne veut pas laisser. Ils ont peu de choses, mais elles leur appartiennent. La grande carriole suffira. Ce n'est pas loin, ils pourront marcher.

Elle pensera à vendre sa petite maison ou à la louer plus tard.

Donc, c'est décidé ! elle est d'accord. Elle rêve de partir d'ici où tout le monde lui semble hostile et mauvais. Là-bas, elle ne connaît personne, et personne ne la jugera !

Le lendemain, elle se rend chez Julie :

— Bonjour, Julie. Bonjour, Anne-Guillemette. Les filles ne sont pas là ?

— Bonjour Gaëdig ! elles sont dans la cour derrière. Pourquoi ? demande Julie un peu anxieuse.

— Je voulais vous annoncer à tous une bonne nouvelle.

Curieuses, les deux femmes appellent Anne et Jeanne-Julie qui accourent. Voyant leur sœur dans la salle, elles s'arrêtent, pressentant un problème :

— Oui, maman. Nous voilà !

Gaëdig a quelque chose d'important à nous dire.

Tout le monde s'assied et Gaëdig commence :

— Depuis quelque temps, des ragots et des méchancetés circulent contre moi et vous n'y êtes pas étrangères, mes sœurs.

Elles commencent à se récrier, mais Gaëdig leur coupe la parole :

— Arrêtez de jouer les saintes-nitouches. Vous ne m'avez pas épargnée et maintenant les rumeurs vont bon train. Les détails sur le changement de nom ne pouvaient venir que d'ici. Or je ne crois pas que Julie, Anne Guillemette ou Charles y soit pour quelque chose ! Mon fils est peut-être né un peu hors mariage, mais il vit avec son véritable père et sa mère. Vous êtes toutes les deux tellement courtisées que vous avez du temps pour commérer, n'est-ce pas ? Je souhaite que vous trouviez un jour le bonheur, mais ce n'est pas sûr que vous sachiez le reconnaître !

Une pointe de sarcasme se fait sentir dans sa voix, mais elle s'en moque.

— Guillaume et moi partons le 1er août prochain pour Plufur où son frère, Noël, est sabotier et a besoin de son aide. Comme ça, je n'entendrai plus vos ricanements alors que vous racontez des choses que vous ne connaissez pas et vous, vous pourrez reprendre vos vies vertueuses sans m'avoir sous les yeux. Mr le recteur a encore du travail en confession avec vous autres ! si vous avez le courage d'avouer vos mensonges et vos médisances.

Julie se récrie :

— Mais, Gaëdig, nous n'avons jamais rien dit de mal à ton sujet ! et je t'ai toujours considérée comme ma fille. Si tu dois partir, fais-le pour une autre raison.

Gaëdig lui répond, plus doucement :

— Julie, je ne mets pas en cause ta gentillesse à mon égard, mais mes deux sœurs colportent des horreurs qui n'ont rien de tendre.

Et se tournant vers elles :

— Ce n'est pas vrai ?

Julie et Anne-Guillemette attendent :

— On n'a rien raconté de faux ! lance Anne.

Sa mère rougit alors de honte et de colère :

— C'est donc vrai. C'est vous qui avez calomnié votre sœur ! n'a-t-elle pas assez souffert comme ça ? Maintenant, elle part à cause de vous !

Gaëdig la reprend :

— Non, Julie. Je ne pars pas à cause d'elles seulement. Plus rien ne me retient ici puisqu'aucun d'entre vous n'a pris ma défense à part Oncle Charles. Alors je vous souhaite une belle et longue vie et je quitte Saint-Michel.

Et elle fait demi-tour, laissant les quatre femmes pantoises. Elle passe ensuite voir Catherine, la ravaudeuse. Sa seule amie.

— Catherine, dit-elle, je suis venue te dire que je quitte Saint-Michel le 1er août prochain.

La vieille femme la regarde, et bien que triste de cette nouvelle, lui répond :

— Ma petite Gaëdig, je ne me réjouis pas que tu partes, mais c'est ce que tu as de mieux à faire si tu veux trouver un peu de paix avec ton époux et votre fils. Où allez-vous ?

— À Plufur, Catherine, répond Gaëdig au bord des larmes. Le frère de Guillaume nous attend.

Sur ce, elles tombent dans les bras l'une de l'autre.

— Qui vas-tu embaucher pour t'aider ? demande Gaëdig.

— Certainement pas une fille d'ici. Tes sœurs ont la langue trop bien pendue pour que je les supporte. Et elles ne sont pas étrangères à ton départ, je pense. Il y a une petite de Trédrez qui travaille bien. La nièce d'un paysan du coin. On verra.

— Je peux travailler encore deux semaines et ensuite je serai trop occupée à tout ranger.

— Fais comme tu dois faire !

Et elle rentre chez elle. En arrivant devant sa maison, elle voit l'oncle Charles à la porte de son atelier :

— Oncle Charles, je reviens de chez toi. J'y ai vu Anne-Guillemette et Julie. Les deux bécasses aussi. Je te le dis à toi aussi, mon oncle : le 1er août, nous quittons Saint-Michel pour Plufur.

Charles a l'air désemparé. Celle qu'il considère comme une de ses filles va partir.

— Mais… pourquoi ? Tu n'es pas bien ici ?

— Oncle Charles, les ragots et les méchancetés à mon égard ont commencé à circuler. Mes deux sœurs y sont pour beaucoup. Nous partons et les rumeurs ne me toucheront plus. Pour ce qui est du reste de ma famille, tant pis pour elle ! Je suis triste de te quitter, mon oncle. Tu as toujours été bon pour moi et pour Guillaume, mais je ne peux plus rester.

Il comprend et il en a le cœur gros. Ce soir, il dira deux mots à ces péronnelles ! qui sont-elles pour salir ainsi quelqu'un qui a tant souffert ? Elles qui n'ont rien d'autre en vue que le giron maternel…

Gaëdig rentre chez elle. Guillaume l'attend avec leur fils. Elle sourit de nouveau et retrouve sa gaieté : ils vont vivre enfin sans cette suspicion permanente.

Les jours passent vite. Très vite. Guillaume a déjà fait un voyage avec ce qui n'est pas nécessaire à Saint-Michel. Il s'installe dans la maison en face de celle de son frère. Elle est grande et en bon état. Un peu plus cher aussi, mais il a payé pour une année. Il y aura une salle avec la cheminée, une cuisine dans une autre pièce et deux petites pièces qui pourront faire office de chambres à coucher. Un cabanon dehors avec les « commodités », et un appentis où faire sa toilette. Un petit jardin aussi pour quelques légumes. On verra pour quelques poules, plus tard.

Alexandre est venu leur dire au revoir, triste que sa Gaëdig soit obligée de quitter Saint-Michel à cause de la méchanceté et la bêtise de leurs sœurs.

Avant de les laisser partir, il demande à les voir :

— Gaëdig, j'avais laissé une part de la vente de la maison de nos parents chez le notaire. La maison venait de notre mère et donc tu avais encore droit à quelque chose à sa mort. De plus, oncle Charles avait gardé les premiers salaires que tu as gagnés quand tu as commencé chez Catherine.

Et tendant une bourse assez bien remplie, il reprend :

— Comme tu es remariée, cet argent doit être remis à ton époux qui en fera bon usage, je pense.

Guillaume prend l'argent et se tourne vers Gaëdig :

— Je prends cet argent en ton nom, ma Gaëdig. Il nous servira à construire notre avenir ensemble. Et celui de notre fils.

Le 1er août au matin, ils partent avec la carriole attelée sur laquelle ils ont entassé la veille ce qu'il reste à emmener et sans regret, quittent Saint-Michel-en-Grève pour ne jamais y revenir.

1846-1886
De Plufur à Dinard : errance

Le 1er août 1846, la famille Le Bescond s'installe. Le temps de faire connaissance avec son nouvel environnement et le travail peut reprendre.

Gaëdig est une fille de la côte. Elle est habituée aux embruns et au bruit des vagues ; à l'air salin et à la brume de mer. Ici, même si ce n'est pas loin, elle ne voit que des champs et des bois. Le coin est joli, bien sûr, mais tellement différent. Il fait plus chaud aussi.

Elle rencontre la femme de Toussaint Le Guillou, Anne, qui l'aide à trouver de quoi filer et aussi ravauder.

Elle fait la connaissance de Magdeleine, la femme de Guillaume Geffroy.

Toutes les deux habitent tout près de leur nouvelle maison. Elles filent le soir à la veillée et racontent aussi des histoires, mais moins méchantes. Elles sont toutes deux bienveillantes et discrètes. Quel plaisir de ne pas avoir à cacher ses faits et gestes aux vieilles radoteuses ! Elles sont femmes d'agriculteur, avec des époux toujours à la maison, donc il ne se passe pas grand-chose. Pas comme à Saint-Michel, où les langues crachent leur venin dès qu'un gars part en mer en laissant sa femme.

Elle se sent de nouveau libre, comme quand elle était petite et qu'elle partait se promener sur la grève et attendait son frère. Il lui manque. Elle lui a fait parvenir sa nouvelle adresse par un journalier. Il pourra venir la voir.

Elle prend plaisir à installer leur nouvelle maison. Il y a un beau petit jardin derrière où poussent encore quelques légumes à l'état sauvage. Elle désherbe et replante ce qu'elle trouve, mais en août ce n'est pas la saison. Bah ! elle patientera. Il y a aussi quelque chose d'extraordinaire pour elle : une pompe à eau dans la cuisine ! elle n'a plus besoin d'aller chercher de l'eau au puis ou même à l'extérieur. Elle est ravie de leur installation.

Guillaume travaille à l'atelier de son frère qui est parti une semaine après leur arrivée.

À la fin du mois, ce qu'elle soupçonnait lui est confirmé : elle est de nouveau enceinte. Elle ne cache pas sa joie. Cette fois-ci, elle n'aura pas à rougir d'attendre l'enfant de Guillaume.

Son fils, leur fils, est un beau petit garçon, pas très téméraire et assez sage. Il n'aime pas le bruit ni l'agitation. Guillaume le présente comme son fils. Il en est fier.

Quand il rentre ce soir-là, elle l'accueille en se jetant à son coup. Si les vieilles de Saint-Michel la voyaient, elles s'en gausseraient pendant des lustres. Mais Gaëdig s'en moque éperdument.

Guillaume est content, un peu surpris :

— Que se passe-t-il, ma Gaëdig ?

— Je suis de nouveau enceinte ! lui dit-elle avec un grand sourire.

Cette fois-ci, lui non plus n'aura pas à se cacher ni à se taire pour ne pas la gêner.

Ils vont pouvoir vivre en plein jour, avec leurs enfants ! quel bonheur.

— Et pour quand ce sera ? lui demande-t-il.

— Euh ! ça devrait être pour avril prochain. Mi-avril, je pense.

— Alors on a le temps de tout arranger dans la maison avant son arrivée. J'ai du travail et toi aussi. On est à l'abri, que demander de plus, ma petite Marguerite ?

Leur vie s'organise désormais autour de la prochaine naissance. Mais Gaëdig est plus fatiguée que les fois précédentes. Elle se sent plus lourde, plus gauche. Peut-être est-ce dû à la chaleur qui dure jusque tard en automne. Elle est plus grosse aussi.

Ce sera sûrement un gros bébé. Un bon gros garçon. Les filles sont plus petites à ce qu'il semble.

L'hiver la voit grossir à vue d'œil. Elle a mal aux reins. Elle s'essouffle vite. Ses amies essaient de lui alléger la tâche en l'installant du mieux possible. Mais elle est robuste et supporte ces contraintes. Après la Noël qu'ils fêtent ensemble chez Toussaint et Anne, l'hiver se fait rude. Très froid et humide. Gaëdig ne sort pas beaucoup de chez elle.

« Il ne manquerait plus que je tombe en glissant sur une plaque de glace et je ne pourrais plus me relever, pense-t-elle en pouffant. J'aurais bonne mine, les quatre fers en l'air, à gigoter pour me remettre dans le bon sens ! »

Elle coud et tricote pour son futur bébé. S'il fait encore froid en avril, il faudra se tenir prête avec des tas de linge pour le réchauffer. Elle a cousu des draps et brodé une housse pour le duvet qu'elle a confectionné avec les plumes récoltées dans les poulaillers de ses amies. Le petit berceau fabriqué et sculpté par oncle Charles pour Guillaume a été sorti du débarras et astiqué. Il ne manque rien.

Magdeleine sait accoucher. Elle a l'habitude d'aider les femmes du village et des alentours. Elle lui fait confiance. De toute façon, elle n'a pas le choix. Ça vaudra bien les vieilles de Saint-Michel.

Arrive le mois de février, encore plus froid et neigeux. Guillaume est un peu peiné pour sa femme. Ils ont hâte tous deux que le bébé arrive pour que Gaëdig reprenne une vie plus normale et ne souffre plus du dos. En mars, elle commence à être un peu agitée. Elle est nerveuse. Quelque chose ne tourne pas comme il faudrait. Elle dort mal, elle ne mange pas beaucoup.

Plus que quelques semaines, et tout sera fini. Enfin, presque. Mais elle sera de nouveau normalement constituée. Non pas qu'elle n'ait pas envie d'avoir cet enfant, mais quand même cette grossesse, elle en a assez ! et ça bouge, et ça gigote dans son ventre. Quel calvaire !

Le 22 mars au soir, elle se plie en deux devant Guillaume.

Il se lève d'un bond de son banc et s'écrie :

— Tu as mal ? que se passe-t-il ?

Quelque chose ne tourne pas rond. Elle sent un liquide chaud couler entre ses jambes. Elle perd les eaux !

Déjà ? Mais elle doit accoucher dans un mois, peut-être trois semaines. Mais pas maintenant !

— Guillaume, va chercher Magdeleine. Vite !

Elle s'installe dans son lit-clos, des coussins dans le dos pour se redresser et elle attend.

Magdeleine arrive en courant, Guillaume sur ses talons.

— Va chercher Anne pour qu'elle m'aide et va chez nous avec ton fils. Vous nous embarrasserez plus qu'autre chose !

Guillaume, effrayé, emmitoufle son fils et part chez Guillaume Geffroy. En passant, il entre chez Anne et Toussaint :

— Les douleurs ont commencé. Magdeleine a besoin de toi, Anne.

— Déjà ? Mais il est attendu pour le mois prochain ! dit-elle en s'habillant.

Elle part rapidement.

Toussaint lui propose de rester avec le petit. Guillaume Geffroy arrive dans l'entrefaite.

— Gaëdig est dans les douleurs. Magdeleine et Anne sont chez moi, explique Guillaume.

Le petit Guillaume s'est endormi sur le banc au coin du feu. Les trois hommes parlent plus bas en buvant un coup de cidre.

Pendant ce temps, Gaëdig attend les vagues de douleur et Magdeleine évalue l'avancée.

— Ce ne sera pas long, je pense, lui dit-elle.

À 1 heure moins dix, le 23 mars, l'enfant arrive sans encombre. C'est une fille.

Assez menue, mais pas maigre.

Une nouvelle douleur se fait ressentir !

— Qu'est-ce qu'il y a ? demande Gaëdig dans un souffle.

— Un deuxième qui pointe son nez, ma belle ! Deux enfants ? ma doué !

C'est une deuxième petite fille. Les deux petites se ressemblent comme deux gouttes d'eau ! des jumelles !

Magdeleine coupe le second cordon et emmaillote les deux petites qui commencent à hurler. Il faut les nourrir. Heureusement qu'elle a deux seins !

Elle rit malgré tout, à cette pensée.

Une fois que tout est nettoyé et rangé, Anne se précipite chez elle pour avertir de l'heureux ou plutôt, des heureux évènements.

— Les trois amis sont au coin du feu, une bouteille de goutte à portée de main.

Guillaume se lève d'un bond :

— Ça va ? Ma Gaëdig ? Le bébé ? il bafouille un peu.

— Gaëdig va bien. Et le bébé est une fille, et une autre fille.

Il ne comprend pas.

— Vous avez deux filles. C'est pour ça que Gaëdig était si grosse et si fatiguée. Vous avez bien besogné, dit-elle en partant d'un grand rire.

— Je peux les voir ? demande Guillaume.

— Oui. Gaëdig est fatiguée, mais elle va bien.

Il part en courant vers chez eux et découvre sa femme tenant dans ses bras deux petits baluchons qui tètent goulûment.

Deux filles !

Il s'approche, un peu empoté. Il n'a jamais vu de nouveau-né de si près.

— Comment vas-tu, ma Gaëdig ?

— Bien, répond-elle dans un soupir. Je vais avoir du travail avec ces deux-là. Elles tètent comme des petits veaux !

Elles ont des cheveux tout collés et noirs. Bien sûr, il ne peut pas dire à qui elles ressemblent, mais elles ont l'air identiques !

Devinant ses pensées, Gaëdig lui dit avec un sourire un rien moqueur :

— Ne t'inquiète pas, mon Guillaume. On leur fera une marque à chacune pour les reconnaître.

Il la regarde avec crainte :

— Vrai ?

— Mais non, bêta, on y arrivera sûrement.

Sur ces paroles, elle enfonce sa tête dans les oreillers et s'endort, un bébé de chaque côté.

Dans la matinée, Guillaume et ses deux amis, Toussaint le Guillou et Guillaume Geffroy se rendent à l'état civil déclarer les deux petites : Marie-Perrine et Marie-Toussainte, Le Bescond, nées le 23 mars 1847 à 1 heure du matin, à Plufur.

Il faut construire un deuxième petit berceau, car les deux sont trop tassées dans un seul. Guillaume s'y attelle sans attendre. Il n'est pas aussi doué que Charles, mais il se débrouille avec le bois. Et il sait sculpter sur des sabots, pourquoi pas sur un lit ? Il prend modèle sur celui de Guillaume qui dort maintenant au-dessus d'eux dans le lit-clos.

Les deux petites filles sont calmes et tètent bien. Elles n'ont pas de problème et Gaëdig se remet bien de son accouchement si ce n'est de sa surprise ! deux d'un coup c'est beaucoup !

Les trois enfants grandissent vite et bien. Ils sont en bonne santé, ce qui est un soulagement pour tout le monde, car beaucoup de petits meurent en bas âge.

Le frère de Guillaume, Noël s'est marié à Buhulien en juin. Il revient avec sa jeune épouse et entame avec Guillaume des changements dans l'atelier de sabotier. Ils s'entendent bien et réalisent de beaux modèles. Les deux belles-sœurs aussi sont assez proches. Elles vont au marché vendre leurs légumes, des œufs et les sabots fabriqués par les deux frères, ensemble quand Gaëdig peut laisser ses enfants à Anne ou Magdeleine. Mais les commandes se raréfient. Il n'y a bientôt plus assez de travail pour les deux familles.

Marguerite a beau filer, ravauder, cultiver son jardin, les rentrées d'argent sont maigres.

Guillaume s'en ouvre à ses amis un soir.

— Il va falloir que je cherche autre chose, mes amis, leur dit-il.

— Autre chose ? demande Toussaint.

— Oui. Les commandes ne sont plus aussi nombreuses et le frère était là avant moi. Donc je dois aller chercher le travail où il se trouve.

Guillaume Geffroy lui dit :

— Écoute, mon ami François Dubourg qui habite à Loguivy-Plougras y est membre du conseil municipal. Il doit bien connaître un endroit où t'installer. Je dois le voir dans une quinzaine. Je lui en parlerai à ce moment-là. Qu'est-ce que tu en dis ?

— Loguivy-Plougras ? C'est où ?

— Un peu plus dans l'intérieur des terres. Et c'est plus grand que Plufur. Il y a une forêt et c'est pas loin du Finistère.

Guillaume est sceptique, mais il devra bien partir un jour d'ici s'il veut nourrir sa famille. En attendant, il aide aux champs quand il ne fabrique pas de sabots.

Deux semaines plus tard, Guillaume Geffroy revient de Loguivy-Plougras avec de bonnes nouvelles. Ils peuvent aller s'y installer quand ils veulent. Il y a du travail et son ami François peut les aider à s'installer.

Gaëdig sait bien qu'ils doivent partir pour chercher du travail ailleurs. Mais ce sera un crève-cœur de laisser ses amis et cette petite maison. Elle s'y était déjà habituée. Mais que faire d'autre ? C'est le lot de beaucoup de bretons que de se déplacer au gré des offres de travail. Au moins, ils ne sont pas à mendier sur les routes ! et ils n'ont pas entamé le pécule remis par Alexandre.

Ils se préparent donc une nouvelle fois à déménager, deux ans après leur arrivée, en août 1848. Les deux petites ont 1 an et demi et Guillaume 4 ans et demi.

L'expédition est compliquée et difficile pour les enfants. Ils prennent une carriole couverte pendant que Guillaume emporte le strict nécessaire dans une charrette attelée à une carne qu'il a eue pour une bouchée de pain. Gaëdig et les enfants arrivent les premiers et attendent Guillaume sur la place du village.

Il arrive deux heures après. Il doit se présenter à la mairie où l'attend François, l'ami de Guillaume Geffroy. Il est là et les accueille gentiment.

— Toute la petite famille est là ? Bien.

Pour ce soir, vous dormirez chez moi. Enfin, à la ferme. Je vous y ai arrangé une pièce pour dormir. Demain matin, je vous emmènerai à votre nouvelle demeure. Près de la forêt. Il y a déjà un sabotier et sa famille et des charbonniers. C'est une forêt d'ifs et le rendement est bon.

Voyant le regard peu rassuré de Gaëdig, il ajoute :

— Ne vous inquiétez pas, madame, il y a du travail pour votre mari. Il y avait un autre sabotier qui est parti rejoindre son créateur il y a deux mois à l'hôpital de Morlaix. Sa veuve, elle, est partie chez sa fille. Elle a laissé la maison en l'état.

Les meubles n'étaient pas à eux. Ils étaient déjà là, alors, profitez-en.

Sur ce, ils partent vers la ferme du François. Ils y passent la nuit tous entassés dans une pièce. Les enfants sont énervés et grincheux. Gaëdig n'est pas bien non plus. De ce qu'elle en a vu, elle n'aime pas la région. Il n'y a que des champs et une immense forêt qui donne l'impression d'étouffer tout ce qui se trouve autour.

Le lendemain matin, après une nuit agitée, ils repartent vers une maison basse et sombre entourée d'arbres. La cour est en terre battue. Il n'y a pas d'eau dans la cuisine comme à Plufur. Mais les enfants peuvent dormir ensemble dans une pièce et leurs parents dans une autre. Il y a une salle commune avec une large cheminée dans laquelle on imagine faire brûler un arbre entier. Il y a aussi une belle cuisinière à bois dans une cuisine qui ouvre sur le jardin.

C'est déjà ça ! Ils s'installent et Guillaume visite l'atelier attenant à la maison. Les outils ont l'air en bon état et il a ramené les siens. Il va pouvoir travailler rapidement.

La maison appartient à la mairie de Loguivy-Plougras qui la loue pour une bouchée de pain.

Il faudra surveiller les enfants de plus près. Qui sait ce que peut cacher cette immense étendue d'arbres. Il y a des bêtes qu'elle ne connaît pas, mais dont elle a entendu parler, comme les loups ou des espèces de gros chats qui mangent les enfants. Et puis il y a toutes ces familles de charbonniers, tous noirs et crasseux.

Ils ont l'air de ne pas savoir un mot de français et elle a du mal à comprendre ce qu'ils racontent. Même les enfants sont noirs de la tête aux pieds. Bien sûr, Gaëdig ne sait ni lire ni écrire, du moins, elle a oublié les leçons de monsieur le Recteur, mais elle n'est pas aussi inculte. On dirait qu'ils n'ont jamais bougé du seuil de leur cabane, les pauvres. Et cette fumée qui prend à la gorge et noircit son linge dès que le vent tourne par ici… elle décide donc de fermer sa porte de devant, celle qui donne sur les habitations des charbonniers et d'utiliser celle de la cuisine. Là, elle est à l'abri de la fumée et son linge sèche au soleil le matin.

Elle a toujours été habituée à avoir de grands espaces devant elle, la mer, les champs… ici, il fait sombre presque toute la journée. Elle ne veut pas laisser ses petits, ne serait-ce que 5 minutes sans attention.

Guillaume, même s'il n'est pas très téméraire, se laisse entraîner parfois dans ses jeux et il serait facile de le perdre là-dedans !

Les jumelles, elles, sont petites encore et restent collées à leur mère. De plus, elles ont toujours été ensemble. Ils ont quelquefois du mal à les reconnaître tant elles sont semblables. Marie-Toussainte est un peu plus chétive et toujours souffreteuse. Marie-Perrine est plus robuste. Elle sera forte, comme son frère.

Et elle a brodé un P au fil bleu sur les bonnets et les tabliers de Marie-Perrine et un T au fil rouge pour sa sœur.

Elle continue de filer en faisant attention à ne pas salir le fil blanc. Elle doit aller à Loguivy pour vendre sa production aux toiliers et commander le lin ou la laine qu'un gars du village lui apportera dans de grandes taies de chanvre.

Guillaume commence à avoir une clientèle assidue. Ses sabots sont nouveaux dans le coin. Les sculptures et les jolies peintures ravissent les femmes de la ville. C'est vrai que c'est plus grand que Plufur. Il y a beaucoup de monde et le marché se tient deux fois par semaine. Gaëdig l'accompagne quelques fois quand il va vendre et livrer ses souliers. Elle emmène ses enfants. Guillaume marche comme un grand et les filles sont trimballées dans une espèce de carriole que leur père a fabriquée. C'est une caisse en bois avec quatre roues également en bois et un long manche que Gaëdig pousse ou tire. Les filles sont installées sur des coussins que leur mère a cousus. Elles sont toujours ravies d'être trimballées ainsi, et c'est beaucoup plus facile pour Gaëdig, à l'aller car elle n'a pas à surveiller les trois en même temps et au retour parce qu'une fois fatigués, elle les entasse et se relaie avec Guillaume pour ramener tout le monde à la maison.

L'hiver arrivant, il fait de plus en plus froid et humide. En novembre, il neige déjà. Ils sont un peu abrités par les arbres qui entourent la maison, mais il fait sombre et l'humidité rampe partout. Le linge sent le moisi et il faut l'aérer dès que le frêle soleil veut bien se montrer.

La petite Marie-Toussainte a souvent de la fièvre et tousse très fort. Gaëdig a peur quand elle l'entend, quand elle la voit. Elle se souvient de son père…

Et elle est de nouveau enceinte. Ce sera pour juin prochain, normalement. Elle se sent moins fatiguée que pour les jumelles et reste vaillante quoiqu'il arrive.

Elle ne s'arrête jamais. Elle doit assurer le ménage, la nourriture, les soins de toute la famille. Elle s'occupe aussi du jardin pour avoir des légumes frais, même s'ils ne poussent pas bien. Elle file. Ses enfants lui demandent toujours beaucoup d'attention.

Avec le printemps, elle retrouve un peu de liberté dehors, après avoir passé tout l'hiver, ou presque, barricadée dans la maison. Ils ont même dormi tous ensemble dans la salle, près de la cheminée quand il a fait trop froid. Ils avaient installé le lit des enfants à côté de leur sommier et se sont réchauffés comme ils le pouvaient.

Il n'y a pas de chauffage dans les chambres. Il y a une grande cheminée dans la salle et elle tire bien. Heureusement ! et dans la cuisine elle a la cuisinière à bois qu'elle maintient allumée tout le temps. Le bois et le charbon, ce n'est pas ce qu'il manque ici.

Le 31 mai au matin, un homme arrive chez eux et demande à voir Guillaume. Il travaille. Elle accompagne le visiteur jusqu'à l'atelier et laisse les deux hommes.

Quelques minutes plus tard, ils rentrent à la maison et s'asseyent dans la cuisine. Gaëdig leur sert à boire et attend. Guillaume lui demande de s'approcher et elle prend place.

— Jean-Yves, que voilà, m'apporte un message de mon père.

À ces mots, Gaëdig frissonne :

— Que lui est-il arrivé ? qu'y a-t-il ?

Guillaume a l'air abattu !

— À lui, rien. Ma mère est mourante. Il me demande de venir rapidement la voir une dernière fois.

Gaëdig est triste pour lui. Même si elle n'a rencontré sa belle-mère qu'une seule fois, elle l'avait appréciée.

— Va, Guillaume. Ton père te demande, tu dois y aller. Je m'en sortirai quelques jours, ne t'inquiète pas.

Le lendemain, il repart avec le gars de Ploubezre dans sa carriole attelée. Sa mère, Marie-Louise Ropars, 62 ans, s'éteint le 2 juin 1849 à 8 heures du soir. Il lui a parlé et l'a embrassée une dernière fois. Son frère Noël est venu aussi.

Guillaume-Jean est terrassé. Ça s'est passé si vite. Elle est tombée malade d'un coup, elle a voulu continuer à filer et à l'aider à l'atelier où elle s'occupait de teinter les sabots, de les vendre et de les livrer. Elle était connue, la Marie-Louise. Toujours courtoise et courageuse.

Il est seul, désormais, et à son âge, il ne pourra pas tenir l'atelier et la boutique.

Il rassemble ses deux garçons après l'inhumation.

— Mes fils, dit-il d'une voix tremblante. Je dois prendre une décision. Votre mère partie, je ne peux rester seul à l'atelier. Elle m'aidait tous les jours. J'ai 67 ans.

Les deux frères acquiescent et attendent la suite.

— J'ai réfléchi pendant les quelques jours où votre mère est restée couchée.

Guillaume, en tant qu'aîné, c'est à toi que revient l'atelier. J'aimerais que tu reviennes t'installer ici avec Gaëdig et tes enfants. À part le petit Guillaume, je ne les connais pas.

Guillaume s'y attendait. Il regarde tour à tour son père puis son frère, et dit :

— Si c'est ta décision, je l'accepte.

Mais il est mal à l'aise. Son père son aperçoit :

— Je sais ce que tu penses, mon fils. Je respecte la loi, mais Noël ne sera pas de reste. Comme il est déjà bien en place à Plufur, je ne lui demanderai pas de venir ici partager l'atelier avec toi, mais il aura une part des biens que votre mère a apportés en dot. Elle avait quelques terres et une petite ferme.

Je vais reprendre la ferme et m'y installer. Je vends une partie des terres et je donne l'argent à Noël en compensation, même si rien ne m'y oblige.

Noël est perdu dans ses pensées. Il déclare à son père et à son frère :

— Je te remercie papa, mais si tu dois te dépouiller d'une partie des biens de maman je n'en ai pas besoin.

— Non, répond Guillaume-Jean. J'en aurai moins besoin que toi. Il m'en restera suffisamment pour vivre, crois-moi.

Cela met tout le monde d'accord.

— Demain, nous irons chez le notaire signer les documents. Je l'ai déjà averti, tout sera prêt. Quand les terres seront vendues, très bientôt je pense, je te ferai parvenir les documents et l'argent.

— Guillaume, il faut que tu annonces à Gaëdig que vous revenez ici.

— Ça ne posera pas de problème, papa. Elle n'aime pas Loguivy-Plougras.

Trois jours plus tard, une fois les documents signés et enregistrés, chacun repart de son côté.

Guillaume rentre à Loguivy moins peiné qu'au départ. Dam ! il va quand même annoncer une bonne nouvelle à Gaëdig.

Arrivé chez lui, il la trouve soucieuse, mais heureuse de le revoir. Il n'est parti que huit jours, mais cela lui a paru très long.

Elle court à sa rencontre. Il rentre à pied du bourg où un paysan l'a déposé.

— Alors, mon pauvre Guillaume ?

Il rentre dans la cuisine par le jardin et s'assied :

— Il faut que je te rapporte les décisions de mon père.

Elle le rejoint sur le banc et attend.

— Il veut s'arrêter de travailler dans son atelier et me demande de reprendre la suite en tant qu'aîné. Noël aura une compensation, mais papa me demande de rentrer à Ploubezre.

Gaëdig comprend d'un seul coup que sa vie va encore changer. Mais là, elle est plutôt contente.

— C'est où Ploubezre ? Je n'y suis jamais allée.

— Pas loin de Lannion, lui répond-il.

Ces mots la font frissonner. Lannion. Elle a tant souffert et a été humiliée là-bas.

— Non. Ne t'inquiète pas. Ce n'est pas dans cette grande ville. Il faut bien 1 heure à 1 heure et demie de marche. Donc ce n'est pas tout près.

Elle est rassurée. Elle n'aura rien à faire dans cette ville maudite.

— Quand dois-tu partir ?

Il ne comprend pas :

— Nous devons y aller ensemble, ma Gaëdig.

— Alors il te faudra attendre que le bébé soit là et assez fort pour voyager.

Il n'avait pas pensé à ça. L'accouchement est imminent et elle ne peut pas parcourir les routes dans son état.

— Alors, je vais faire parvenir un message à mon père et lui dire que j'arriverai après la naissance. Sans doute en juillet. Comme ça, je pars devant et tu me rejoindras quand tout sera prêt à Ploubezre et que toi et les enfants pourrez voyager.

Ils décident qu'elle le rejoindra fin octobre. Si tout va bien. François fera le messager en cas de besoin.

Même si elle n'aime pas l'idée de rester seule encore ici, elle ne peut qu'accepter la proposition.

Deux semaines plus tard, le 21 juin 1849, elle accouche d'une fille. À la demande de Guillaume, la femme de François est venue l'aider. Ça n'a pas été long.

L'enfant est en bonne santé. Elle a de beaux cheveux roux foncé et des joues bien rebondies.

Ils la baptiseront Jeanne-Françoise comme ses parrains et marraines : Jeanne et François Dubourg.

À la mi-juillet, Guillaume peut partir. Il emporte ses propres outils, ses sabots et laisse derrière lui son épouse adorée et ses 4 enfants. Le petit Guillaume est sage et autonome pour ses 5 ans. Les jumelles aussi, même si Marie-Perrine est un peu frondeuse, Marie-Toussainte se fatigue très vite. Sa santé est beaucoup plus fragile.

Le nouveau-né est calme et visiblement sans problème. Jeanne et François ont promis de veiller sur eux. Gaëdig n'est pas bien dans cette forêt.

Et elle a la charge de tous ces enfants en bas âge. Même si elle est courageuse, elle est vite épuisée. Et la solitude, cette fois, lui pèse énormément. Elle n'aime pas vivre loin de Guillaume. Ce n'est pas comme avant où elle aimait tellement se retrouver dans sa maison sans son ex-mari ! là, il lui manque, son Guillaume.

Elle passe tout l'été à emballer ce qu'elle ne veut pas laisser. Elle donne à Jeanne ce qu'elle n'emmènera pas.

À la mi-octobre, François avertit Guillaume que Gaëdig peut le rejoindre.

Ils réservent les places dans la malle-poste, comme François l'a suggéré, et entassent les meubles et les coffres contenant les ustensiles de cuisine, le linge, les vêtements.

La malle-poste passe à Loguivy le mercredi matin et fait une halte à Plouaret pour manger le midi. Après des adieux pleins de tristesse, Jeanne et Gaëdig se promettent de se revoir. François et Jeanne ont de la famille pas loin de Ploubezre.

Toute la famille monte dans la voiture. Ils sont mieux installés que dans une carriole et comme ils occupent tous les sièges, il n'y aura pas d'autres passagers. Guillaume a même l'autorisation de monter à côté du cocher. Il en est fier même s'il a un peu peur.

Gaëdig se penche à la portière pour lancer un dernier regard vers cette ville qu'elle n'a jamais aimée. Elle va rejoindre Guillaume, son père et se rapprocher de son frère qui habite à Ploulec'h quand il ne navigue pas. François lui a expliqué que ce n'était pas loin du tout.

Elle est radieuse malgré les cahots de la route et la poussière. Les enfants somnolent. Elle les a installés du mieux qu'elle a pu. Guillaume dehors près du cocher, Perrine et Toussainte sur des coussins sur le siège devant elle et Jeanne-Françoise dans ses bras.

Après une pause à Plouaret où ils ont pu boire et manger un peu, ils repartent pour Ploubezre où ils arrivent à 4 heures de l'après-midi.

Sur la place, elle aperçoit Guillaume, venu l'attendre avec son père. Quelle joie de revoir son époux et aussi son beau-père qu'elle aime beaucoup ! Elle saute de la voiture, un peu engourdie et fatiguée. Elle fait descendre les enfants et se dirige vers les deux hommes qui viennent au-devant d'elle.

— Mon Dieu, qu'elle a grandi la petite dernière ! s'écrit Guillaume.

Son père est tout sourire. Il soulève le petit Guillaume qu'il n'a pas vu depuis longtemps. Il embrasse sa bru sur les joues et emmène tout le monde vers l'atelier. La maison n'y est pas accolée, mais derrière. Il y a une cour entre les deux. Et un petit jardin encore après la maison qui lui paraît grande. C'est là que Guillaume et son frère ont grandi. Une jolie bâtisse en pierres de taille.

Il y fait bon. La pièce principale est bien meublée et il y a deux chambres. Ils peuvent en aménager une autre au-dessus, dans le grenier. Le père a déjà déménagé ses meubles dans la petite ferme qu'il occupera désormais, à un quart d'heure de marche de chez eux.

Les retrouvailles sont heureuses. Guillaume-Jean est content de revoir son petit-fils et de rencontrer ses petites-filles pour la première fois.

Les biens de Gaëdig et sa famille sont arrivés la veille et Guillaume a déjà plus ou moins rangé les meubles. Une fois les lits faits, on couche les enfants, épuisés par le voyage.

Elle sent qu'ils seront bien ici. Elle se rapproche de sa terre natale. Finies les forêts sombres et humides, les charbonniers qu'elle ne comprend pas et qui lui font peur. Ici, elle voit des gens qui lui ressemblent. Des personnes qui, sans être des côtiers, sont plus marines que terriennes ; voire forestiers ! même s'ils ne naviguent pas tous et cultivent bien souvent leurs lopins de terre.

Les enfants peuvent jouer dans la cour ou dans le petit jardin. Elle n'a plus peur de voir surgir un loup ou une autre bestiole peu sympathique.

L'hiver s'annonce plus doux qu'à Loguivy. L'air marin adoucit le vent. Il gèle bien sûr, mais ça ne dure jamais longtemps. Et quand il neige, ça ne tient que le temps de jouer avec les petits en les traînant dans une caisse qu'elle tient au bout d'une corde.

La petite dernière, Jeanne-Françoise s'avère robuste et n'est jamais malade. Par contre, la santé de Toussainte l'inquiète. Elle la laisse le plus souvent possible au coin de l'âtre, emmitouflée dans des châles, mais elle tousse toujours beaucoup et a les yeux fiévreux.

Avec le printemps, Marie-Toussainte va mieux. Elle peut jouer au soleil dans la cour à l'abri du vent. Quelquefois, Gaëdig l'emmène aussi bien couverte que possible se promener dans les champs. Sa jumelle reste le plus possible avec elle. Elles sont toujours semblables, mais l'une est plus frêle que l'autre.

Avec un été chaud et sec, les enfants sont dehors la plupart du temps. Guillaume est un beau et grand gars de 5 ans passés. Il n'est pas téméraire et plutôt renfermé. Il aime les animaux et ne rechigne pas à aider à nettoyer à l'écurie ou à garder les vaches du voisin. C'est un contemplatif et aussi un petit froussard.

Gaëdig se dit souvent qu'il ne sera jamais marin et elle en est heureuse.

En août 1850, la petite Marie-Toussainte se met à tousser de plus belle. Elle est brûlante de fièvre. Les décoctions ne font aucun effet et elle s'affaiblit de jour en jour. Sa sœur Marie-Perrine est triste et inquiète. Gaëdig est effrayée. Elle sait ce que signifie cette toux rauque qui ne s'arrête jamais. Elle repense à son père qu'elle a peu connu, mais qu'elle revoit toussant à ne plus pouvoir respirer.

Le 2 septembre 1850, Marie-Toussainte, 3 ans et demi, s'éteint dans les bras de Gaëdig, effondrée.

Les jours suivants, elle doit veiller sur Marie-Perrine qui cherche sa sœur et se morfond sans elle. Son frère, Guillaume, s'est rapproché d'elle comme s'il avait compris que quelque chose avait changé. Pour toujours.

Gaëdig veille toujours sur les trois enfants qu'il lui reste. Elle a tant souffert au cours de sa vie. Elle en a perdu deux qu'elle n'a même pas entendu respirer. Sa fille de 3 ans et demi. Elle ne veut plus connaître cette douleur.

Guillaume est aussi attentionné qu'il le peut. Mais il doit la laisser pour faire tourner l'atelier. Elle ne se laisse pas abattre. Il faut qu'elle travaille. Pour le bien-être de tous et le sien. Elle reprend son métier de ravaudeuse à la maison. Elle aide Guillaume à vendre ses sabots au marché et quelquefois elle livre ses commandes quand il fait beau et qu'elle peut emmener ses enfants.

Elle aime toujours tenir sa maison propre et rangée. Elle n'aime pas voir des choses traîner. Elle cuisine les légumes de son petit jardin, qui poussent mieux que dans la sombre forêt. Là, elle a du poisson frais. À Loguivy, elle mangeait du poisson de rivière qui n'a pas la saveur iodée du poisson de mer.

Un soir d'octobre, alors qu'elle file sur le pas de sa porte, arrive un homme. Grand et carré. Elle ne le voit pas bien dans la lumière déclinante. Qui est-ce qui vient à cette heure ?

Il s'approche et son cœur se met à battre à tout rompre. Elle pousse un cri qui effraie Marie-Jeanne.

— Alexandre ! mon Alexandre !

Elle laisse tomber son ouvrage et lui saute au cou. Malgré ses 34 ans, elle redevient la petite fille qui attendait le marin et ses histoires qui lui faisaient si peur.

Il rit de bon cœur. C'est un homme massif et jovial.

— Ma jolie Gaëdig, comme tu es belle et en forme. Ma sœur semble aller bien.

Ils sont tous les deux si heureux de se retrouver. Il a eu vent de leur installation à Ploubezre et passant par ici pour ses affaires, il en a profité pour venir la voir.

Entre la navigation et les courtes escales auprès de son épouse et de ses fils, il n'a jamais pu lui rendre visite, ni à Plufur ni à Loguivy.

Ils entrent dans la salle principale. Son regard appréciateur fait le tour du logis :

— Je vois que tu as toujours un intérieur propre et coquet, ma jolie !

Gaëdig reprend son souffle. Elle sourit et elle pleure en même temps. Cela fait si longtemps.

— Oui. Je ne vois pas pourquoi je changerais. C'est juste un peu plus dur avec les enfants, mais j'aime ça.

Ils s'asseyent.

— Alors, raconte-moi un peu ce que tu as fait depuis ton mariage avec le brave Guillaume. Où est-il d'ailleurs ? À l'atelier ?

— Oui. Il travaille jusqu'à la tombée de la nuit, comme moi.

Elle commence le récit de sa vie, si courte, mais déjà si remplie.

— On est partis de Saint-Michel, où tu sais qu'on m'a fait une vie terrible après l'affaire de Lannion, en partie grâce à nos deux charmantes sœurs. On s'est installés à Plufur où Guillaume a repris l'atelier de son frère pendant qu'il partait au village de sa promise pour pouvoir l'épouser.

Ensuite, le travail étant plus rare, on est partis à Loguivy-Plougras. J'ai cru y mourir, Alexandre. On vivait près d'une épaisse forêt où il y avait toute sorte de bêtes. Et des charbonniers tout sales et qui ne parlaient pas le même français que nous. Ou alors ils parlaient un tout autre langage, je ne sais.

Quand la mère de Guillaume est morte l'année dernière, son père lui a laissé l'atelier et la maison et s'est installé dans sa petite ferme. Et nous voilà !

Guillaume lui sourit :

— C'est toi qui me racontes des histoires à faire peur !

— C'est vrai, Alexandre. Tu sais, j'ai craint pour moi et mes enfants dans cette ville humide et froide. Il n'y avait que des arbres. Partout.

Elle continue :

— Après mon Guillaume, j'ai eu deux filles. Des jumelles. Elle s'arrête, les larmes aux yeux.

— L'une d'elles, Marie-Toussainte est morte en septembre. Elle avait 3 ans et demi.

— Ma pauvre Gaëdig. Comme la vie est dure avec toi. Je suis triste aussi et je te comprends. Nous avons aussi perdu des petits. Dis-moi comment vont tes autres enfants.

— L'autre jumelle s'appelle Marie-Perrine. Elle est robuste. Autant que Guillaume.

J'ai également Jeanne-Françoise qui a 16 mois. Elles dorment toutes les deux parce qu'elles ont beaucoup joué dans le jardin. Viens les voir si tu veux. Ils se dirigent vers la petite pièce qui sert de chambre aux 3.

Alexandre est attendri devant le spectacle de l'enfant d'à peine plus de 3 ans qui sert sa petite sœur contre elle.

— Les deux jumelles étaient inséparables, comme tu t'en doutes. Marie-Perrine surveille Jeanne de très près, même si elle ne sait pas pourquoi.

Un bruit les fait se retourner. Le petit Guillaume vient de rentrer. Il s'arrête d'un coup, effrayé par ce grand bonhomme qui se tient près de maman. Alexandre le regarde et lui dit :

— Bonjour Guillaume ! te voilà devenu grand, dis donc !

Il me connaît, se dit-il. Il regarde sa mère, l'air interrogateur.

— C'est ton oncle Alexandre, mon frère. Viens lui dire bonjour.

Il approche doucement et dit :

— Bonjour, oncle Alexandre.

— T'es un gars bien élevé ! quel âge as-tu ?

— J'ai 5 ans et demi !

— Encore 5 ans et je t'embarque comme moussaillon ! dit Alexandre en riant.

— Non, oncle, je ne veux pas être moussaillon. Je veux garder les vaches ! Après un instant de surprise, Gaëdig et Alexandre s'esclaffent.

— Eh bien, tu garderas les vaches si tu veux. On verra plus tard.

Gaëdig est toujours soulagée quand elle entend son gars annoncer qu'il veut rester à terre.

Arrive enfin Guillaume, le père. Il s'arrête net aussi, mais reconnaît son beau-frère :

— Alexandre ! quel bon vent t'amène ici ?

— Le vent des affaires, mon bon Guillaume. Je passais tout près.

— Viens boire un verre et souper avec nous !

Alexandre ne se fait pas prier. Il y a trop longtemps qu'il n'a pas vu sa petite Marguerite. Sa Gaëdig.

Ils s'asseyent autour de la table et Gaëdig distribue les assiettes et les bolées. Les enfants mangent ensemble à un bout et les trois adultes se partagent l'autre partie de la table. La soupe est bonne, le pain frais et le cidre aussi.

— En tout cas, je vois que tu rends ma sœur heureuse. Et vous avez fait de beaux petits. Même si le malheur s'est encore une fois abattu sur vous et j'en suis désolé.

Ils se recueillent tous un moment et commencent à manger la soupe.

— Tu restes combien de temps ici ? demande Gaëdig.

— 5 ou 6 jours, pourquoi ?

— Tu peux rester ici tout le temps que tu veux, reprend Guillaume, qui a compris ce que sa femme a dans la tête.

— D'accord, dit Alexandre avec un sourire en coin. Seulement si Gaëdig veut bien de moi. Sinon je vais à l'auberge.

— Nigaud que tu es. Bien sûr que je veux que tu restes ici ! s'exclame-t-elle sans avoir vu la malice chez son frère. Je vais te préparer un coin. On a commencé à ranger une pièce à l'étage qui est très grand. On peut y monter un matelas et de quoi te faire un lit, pour ce soir et voir demain ce qu'on peut faire.

— Oui. On fait comme ça, renchérit Guillaume.

Ils finissent de souper et se rassemblent devant la cheminée. Les enfants sont endormis dans leur pièce. Les trois adultes sont heureux de se retrouver après tant d'années. 4 ans sans se revoir. Gaëdig désespérait de retrouver un jour son grand frère.

— Alors, Alexandre, tu as combien d'enfants ?

— Nous en avons deux. Jeanne est de frêle constitution ; elle a perdu beaucoup de bébés, mais les deux qu'elle a mis au monde sont costauds. Alexandre-Marie a déjà 14 ans et navigue avec moi. Il prendra peut-être ma suite, mais il veut naviguer en haute mer. On verra. François-Marie a fait 9 ans cette année. Un peu moins frondeur que son frère. Mais il aime bien venir avec moi quand je pilote.

— 14 ans déjà. Je me souviens du bébé. Il doit être très grand et très fort, s'il ressemble à son père ! dit Gaëdig en regardant son frère.

— Il est déjà aussi grand que moi. Et le deuxième suit le même chemin.

Guillaume ne connaît que les histoires racontées sur la mer et les marins. Ils sont sabotiers de père en fils depuis des générations. Il est fasciné et effrayé par tout ce qui se dit.

Après avoir pris une goutte pour les retrouvailles, on monte le matelas et les couvertures et tout le monde va se coucher.

Le lendemain matin, Alexandre doit se rendre à la mairie de Ploulec'h et chez un notaire pour signer un contrat avec un nouveau client pour du commerce sur les canaux.

Gaëdig est heureuse. Elle se plie en quatre pour satisfaire son frère. Ça lui fait oublier son récent chagrin. Le temps passe trop vite. Alexandre doit repartir, mais promet de revenir dès qu'il le peut.

En novembre, les symptômes désormais reconnaissables sont de nouveau d'actualité. Gaëdig est enceinte pour la 6e fois. Elle passe l'hiver sans encombre. Elle et Guillaume ont le temps d'aménager les pièces sous le toit pour y faire des chambres. En bas, ils sont à l'étroit. Même quand ils veulent se réchauffer tous ensemble, ils occupent tout l'espace et ne peuvent plus bouger. Guillaume et son père ont fabriqué des lits. Le petit Guillaume aura le sien, ses sœurs Marie-Perrine, que tous appellent Catherine, sans trop savoir pourquoi. Peut-être parce qu'elle ne savait pas prononcer son prénom et disait quelque chose qui ressemblait à Catherine et Jeanne-Françoise (appelée Marie-Françoise) se partageant un autre lit un peu plus grand.

Le 1er juin 1851 naît Yves-Marie Le Bescond.

La vie continue sans heurt, sans autres problèmes que ceux du quotidien qui devient de plus en plus dur. Il se raconte au marché que Paris est très agitée. Mais Gaëdig se demande bien ce que ça peut leur faire, ici. À Paris, elle n'y a jamais mis les pieds et n'ira jamais jusque-là.

Ils ont bien assez de sordides histoires à se raconter ici. Il paraît que depuis des années une femme du nom d'Hélenne Jégado a tué des dizaines de gens en les empoisonnant ; des hommes, des femmes, des enfants, des jeunes et des vieux. Elle se disait habitée par l'Ankou ! les gendarmes l'ont arrêtée à Rennes. Les histoires qui en découlent sont effroyables. Les vieilles, qui savent captiver leur auditoire, font peur à tout le monde. Les enfants pleurent, les jeunes filles et les femmes frissonnent de peur et d'angoisse.

Les hommes font les fiers, mais n'en ont pas moins la trouille !

Mais tout ça ne fait pas oublier les difficultés de tous les jours. Les prix du fil ont baissé et ne font plus vivre une famille. À peine si Gaëdig peut acheter du pain avec sa production. Il paraît que les Anglais ont inventé des machines qui travaillent plus vite et donc coûtent moins cher que toutes les filandières et les voiliers de Bretagne ! ces maudits bestiaux d'Anglais sèmeront donc toujours la zizanie, pense Gaëdig !

Son frère navigue de plus en plus sur les canaux, car il a des contrats pour transporter des blocs de granit qui servent partout à la construction de maisons, d'églises et autres bâtiments. En France et ailleurs, il paraît.

Guillaume travaille toujours et ils sont, pour l'instant à l'abri. Les plus chanceux – s'il en est – sont les agriculteurs qui cultivent leurs propres lopins. Non seulement ils sont autonomes au quotidien, mais en plus ils vendent leurs productions. Ils se diversifient. Le sarrasin disparaît au profit du blé et du froment. Tout ça semé sur les landes transformées en terre cultivable. Le pain noir devient blanc (et bien meilleur). Les plus téméraires – souvent les plus riches aussi – se lancent dans l'élevage en même temps que dans la culture céréalière. Et la Basse-Bretagne devient de plus en plus rurale. Il y a de moins en moins de marins ; ils se tournent vers la terre, non plus vers la mer. Mais il y a de plus en plus de viande, de lait et de beurre à étaler sur le pain blanc.

Elle s'occupe de tout à la maison, comme toujours. Laver, repasser, faire le ménage, élever les petits. Ils ne sont pas embêtants, cela dit. Guillaume est toujours calme. Il observe tout avec intérêt. À la naissance du dernier, il a 7 ans. Il aime travailler à la ferme, garder les animaux. Il va souvent chez grand-père Guillaume. Ce qu'il aime, lui, c'est qu'on le laisse tranquille. Qu'on le laisse flâner dans les champs, sur la lande. La mer ne lui manque pas. Il a des copains ici, avec qui il joue, qui ne rêvent que d'embarquer. Comme l'oncle Alexandre et ses cousins, qui ne parlent que de terres lointaines. Mais Alexandre ne voyage plus au loin.

Guillaume n'est pas non plus un manuel, mais il aime voir le blé pousser. Le blé que grand-père Guillaume a commencé à semer depuis qu'il a quitté l'atelier.

Il passerait des journées entières à lire dans les nuages ou à dormir sous un pommier en gardant un œil sur les vaches.

Il ne va pas beaucoup à l'école non plus. Il n'aime pas rester enfermé assis sur un banc à regarder l'instituteur écrire des choses au tableau. Des lettres ou des mots qu'il s'empresse d'oublier dès qu'il sort. Alors à quoi bon ? Et puis, on a besoin de lui à la ferme… c'est un bon prétexte, utilisé par la plupart des parents qui font travailler leurs enfants.

La seule chose qu'il aime de la mer, c'est le poisson. Le maquereau grillé avec un peu de beurre salé dessus.

Gaëdig est bien contente que son fils aîné ne soit attiré que par les champs et la lande. Elle n'aurait pas voulu le voir finir comme son ex-mari, le Finistérien !

Ses quatre enfants sont bien portants. Elle a déjà tant pleuré pour la perte des deux premiers et de Marie-Toussainte qu'elle est toujours sur le qui-vive.

Au début du mois d'octobre 1851, la nouvelle qui arrive la laisse triste et sans voix. Julie est morte le 30 septembre à Saint-Michel-en-Grève. Personne ne l'a avertie.

Gaëdig a appris par Alexandre que Anne s'est mariée le 27 juin. Elle n'a pas été invitée. Bien sûr que non ! une femme qui a fauté comme elle l'a fait, ça ne fait pas joli dans un banquet de mariage. Sa sœur, qui était couturière, a épousé un domestique et l'est devenue aussi, comme tant d'autres dans la région. Jeanne-Julie est toujours fille et est domestique chez un maître cordonnier. Maître Hillicot.

Cette année marque la continuité des agitations au sommet du pouvoir français. Guillaume raconte ce qu'il entend au marché ou à l'atelier. Un Bonaparte, Louis Napoléon, est président de la 2e république depuis 4 ans. Un président ?

Gaëdig a vaguement entendu parler de rois de France et aussi des rois bretons, mais elle ne voit pas vraiment la différence. Il dirige le pays et dit ce qu'il faut ou ne faut pas faire.

Mais en fin d'année, on raconte qu'à Paris tout est chamboulé. Le président est remplacé par un Empereur. Mais c'est le même. Il a juste changé un peu son nom. On le nomme désormais Napoléon III.

Et comme dirait Alexandre, on prend les mêmes et on recommence. La vie est toujours aussi dure pour Gaëdig. Rien ne change pour elle. Mais elle est heureuse avec Guillaume et ses enfants. Elle ne se plaint jamais. Pas comme les commères qui bavent aussi ici sur leurs maris, leurs brus ou leurs belles-mères. Elle n'a que du bonheur à raconter. Mais les femmes savent qu'elle a eu bien du malheur, sans jamais en connaître les raisons. On dit que son premier mari, qu'elle avait épousé toute jeune, s'est perdu en Amérique. Et que leurs deux enfants sont mort-nés. Heureusement qu'elle a épousé Guillaume, qu'est un bon gars, d'une bonne famille. Leurs enfants – ceux qui restent – sont bien élevés et en bonne santé. Elle en a perdu une autre, à ce qu'on dit. Une petite Toussainte, partie du mal des poumons.

En février 1853, Gaëdig est de nouveau enceinte. Elle est fatiguée. Dame ! elle va sur 37 ans et ne ménage pas sa peine. Ses grossesses n'ont pas vraiment altéré sa mince silhouette. Elle a la chance de ne pas s'être alourdie et a gardé ses beaux cheveux noirs. Juste un fil blanc par-ci par-là. Elle rit en disant que c'est son rouet qui a envoyé des fils que ses cheveux ont retenus.

Ses journées sont longues. Levée aux aurores, elle tisonne les braises de la cuisinière à bois et de la cheminée. Elle réchauffe la soupe de la veille pour les déjeuners. Yves-Marie boit encore du lait épaissi d'orge. Guillaume se lève en même temps qu'elle. Les sabots ne se vendent plus aussi bien. Alors il travaille aux champs également. Il part aider son père à la ferme tous les matins, et de retour dans l'après-midi, il taille des sabots jusqu'à ne plus y voir.

Gaëdig aussi travaille aux champs lorsqu'il y a besoin de main-d'œuvre. L'été surtout. À la fin août de cette année 1853, alors enceinte de 6 mois, elle tombe de la charrette sur laquelle elle était montée pour réceptionner le blé. Elle ne peut pas soulever les lourdes charges à bout de bras, alors elle aide à répartir les gerbes. Elle ne se fait pas vraiment mal et continue son travail, sous l'œil inquiet de Guillaume.

Rentrée chez eux, elle s'assied et demande à Guillaume de bien vouloir lui laisser un peu de temps pour se reposer avant de préparer le souper. Bien sûr, il accepte immédiatement et lui intime l'ordre de s'installer au mieux. Les petits, qui étaient dehors toute la journée, ont déjà mangé du pain et des fruits. Ils sont fatigués et s'endorment sans broncher.

Après une nuit agitée pendant laquelle Gaëdig n'a pas pu dormir, elle se sent très fatiguée. Le matin du 1er septembre, elle annonce à Guillaume qu'elle n'ira pas aider ce jour-là. Une voisine vient chez elle pour s'occuper un peu des plus jeunes, Jeanne et Yves-Marie. Guillaume et Marie-Perrine partent avec leur père.

Toute la semaine se passe ainsi. Gaëdig a mal au dos et au ventre. Dans la nuit du 7 septembre, elle ressent une violente douleur qui la fait crier dans son lit.

Guillaume, alerté par ses plaintes, se lève aussitôt.

— Que t'arrive-t-il, ma Gaëdig ? Qu'est-ce qu'il y a ?

— Je suis en train d'accoucher ! mais c'est trop tôt. Le bébé devait arriver à la fin d'octobre.

— Je vais chercher la voisine.

Guillaume revient quelques instants plus tard avec Françoise, la femme de son ami Jean.

Après avoir examiné la parturiente, Françoise dit :

— Le bébé est en train de sortir. Vite, des linges, de l'eau bouillante…

Guillaume s'exécute. Faire chauffer de l'eau n'est pas difficile. Et Gaëdig, prévoyante a préparé les linges depuis quelque temps.

Il a à peine le temps d'apporter l'eau que déjà le nouveau-né est arrivé. C'est une petite fille. Françoise la pend par les pieds, lui tape fort sur les fesses, mais aucun cri ne sort. Aucune réaction.

Elle n'a pas vécu.

Ils sont tristes tous les deux, bien sûr. Mais au moins, ils n'auront pas eu le temps de s'attacher à ce petit ange.

Il ira déclarer l'enfant, anonyme, le matin même à la mairie.

Gaëdig s'en remet doucement. Elle n'a pas le choix. Elle doit assumer ses tâches quotidiennes, pour ses enfants, pour son époux, et puis pour elle.

L'hiver est rude, mais elle n'y prête pas vraiment attention. Sur 8 enfants, elle en a déjà perdu 4. Elle vit toujours dans la crainte qu'il arrive quelque chose aux autres.

Malheureusement, c'est le lot de tout le monde, ou presque. L'hygiène n'est toujours pas courante. Même si elle essaie de tenir les enfants propres, ils ne sont jamais à l'abri d'un virus, d'une maladie bénigne, qui pas soignée à temps dégénère et devient mortelle. Une blessure mal soignée peut entraîner des dégâts très graves.

Elle restera vigilante.

Et le 23 février 1854, Guillaume-Jean Le Bescond, son beau-père, son second père, est décédé à l'âge de 72 ans. Il ne s'est pas réveillé le matin.

Ils ont du mal à s'en remettre. Il était d'une telle bonté, d'une bienveillance extraordinaire. De cette générosité rare qui leur a permis de se marier et de vivre mieux.

Quand le notaire les convoque, Guillaume et son frère Noël, c'est pour leur annoncer une autre nouvelle peu agréable. Leur père s'est endetté pour augmenter son cheptel et la surface de ses terres. Il a emprunté à la banque en gageant sa propriété, mais les dettes n'ont pas encore été remboursées. La vente de la ferme et des terres couvrira tout juste le remboursement.

Au printemps, pour la 8e fois, elle est enceinte. Quand elle pense que certaines de ses voisines peinent à engendrer !

Cette fois-ci, elle fera attention. Elle travaillera doucement. Il faut qu'elle aide à faire bouillir la marmite. Les sabots ne se vendent plus beaucoup. Les chaussures en cuir ou en toile pour les moins riches sont devenues plus courantes. Et les coquettes ne veulent plus de ces sabots qui font le pas lourd et campagnard !

Il paraît que sur la côte, les Anglais construisent de belles villas. Leurs pieds délicats ne se font pas à la rudesse du bois. Et puis, ça fait bouseux ! Gaëdig entend cette expression depuis peu au marché. Elle n'a pas tout de suite compris, mais le soir, s'en ouvrant à Guillaume, elle lui demande :

— Guillaume, que veulent dire les bourgeoises en parlant de « bouseux » ?

— Où as-tu entendu ça ? lui demande-t-il.

— Au marché. Plusieurs fois. Certaines ont dit que les sabots de bois font « bouseux »,

— Elles nous prennent pour des campagnards sans culture. Ça signifie que les sabots sont la marque des culs-terreux !

— Mais, il y a peu, elles étaient encore des pécores ! et aujourd'hui, leurs maris gagnent de l'argent avec le blé et leurs élevages de cochon, et elles sont devenues des bourgeoises.

Elle est vexée, mais n'en dit rien. Elle, elle aime ses petits sabots que Guillaume sculpte pour toute la maisonnée. Elle a toujours au-dessus de son lit-clos, les premiers qu'il lui avait offerts. Avant leur mariage.

Les temps changent vite en ce milieu de siècle. La culture du blé et de l'orge ainsi que l'élevage de bovins et de porcs ont permis à nombre de petits cultivateurs de s'enrichir. La moindre parcelle de terre cultivée prend de la valeur. Les gars ne partent plus tous à la mer.

Il n'est plus besoin de partir au loin pour subvenir aux besoins de sa famille. IL y a toujours un lopin à mettre en valeur.

Cet été-là, elle ne fera pas la même bêtise. Elle aidera à sa façon, en apportant le casse-croûte aux champs. Avec deux ou trois autres femmes, elle transporte l'eau, le cidre, le pain et la charcuterie.

L'automne est pluvieux et maussade et un nouvel hiver froid et sec y succède.

Elle est toute en rondeur pour célébrer la Noël. D'ailleurs, elle s'attendait un peu à accoucher d'un nouveau petit Jésus. Elle pouffe en y pensant. Un tel blasphème ferait hurler monsieur le Recteur !

Mais de toute façon, le bébé n'arrive pas à Noël. Il pointe son nez le 29 décembre 1854, par une froide journée.

On le baptise Joseph-Marie. À la maison, on l'appellera Noël, comme son parrain, le frère de Guillaume.

Les difficultés se multiplient. Guillaume ne travaillant plus pour son père, il doit se louer aux cultivateurs du coin qui paient moins bien. Mais il a des amis et la solidarité les maintient à flot.

En février 1855, le 27 une nouvelle douleur vient s'ajouter à celles qu'ils viennent de vivre : l'oncle Charles est parti, lui aussi. À 65 ans, un an après, il a rejoint son grand ami Guillaume-Jean. Gaëdig se sent encore plus orpheline. Ses parents sont morts quand elle était petite et elle ne s'en souvient presque pas. Mais Julie et oncle Charles étaient un peu sa famille. Il lui reste ses deux demi-sœurs, avec qui elle a un lien de sang par son père, mais qui lui sont absolument étrangères, et son demi-frère Charles. Lui s'est marié en 1848 et est lui aussi marin. Son épouse, bien que très jeune lors de leur mariage, tient une mercerie à Saint-Michel. Gaëdig ne les rencontre jamais.

Alexandre vient les voir de temps en temps. Il aimerait bien embarquer Guillaume, qui à bientôt 11 ans, pourrait travailler pour lui. Mais Gaëdig refuse catégoriquement de laisser son aîné partir au loin. Elle a trop souffert de cette mer mangeuse d'hommes. Et bien sûr, Guillaume, son époux, est d'accord avec elle.

Mais son frère lui promet de ne lui faire entreprendre que du fluvial. Il a besoin d'aide. Ses fils naviguent déjà. Alexandre, le premier, âgé de 19 ans, sera marin comme ses ancêtres. Il a déjà embarqué et en ce moment navigue au long cours. François, le second, veut devenir pilote comme son père, et à 14 ans semble être prometteur.

Il a une place pour Guillaume. Ce dernier se demande s'il ne doit pas au moins essayer sur les fleuves. Pas sur la mer, ça il n'ira jamais !

Gaëdig pleure et se rebiffe, mais si son fils veut essayer, elle le laissera partir avec son frère en qui elle a confiance.

Pour ses 11 ans, il embarque avec son cousin François sur le bateau de son oncle. La vie n'est pas si dure que ça à bord. Ils ne quittent jamais la rive des yeux. Mais c'est un travail permanent que de ne pas se frotter aux quais des chemins de halage ou de s'envaser au milieu du fleuve. Il aime bien aussi voir le paysage défiler lentement. Quand il fait beau ! quand le vent souffle fort, il est malade et il a peur. Bien sûr, il ne dit rien aux autres, mais il sait qu'il ne sera jamais marin.

Quand il rentre avec sa solde, toute la famille est heureuse de le revoir. Non seulement parce qu'il ramène quelques sous à la maison, mais aussi parce qu'il est en vie et en pleine forme. Mais quand bien même il serait sollicité par tous les capitaines du monde, il n'aime pas naviguer. Il n'apprécie pas d'être ballotté sur des vagues. Il n'aime pas non plus la promiscuité. Déjà qu'à la maison ils sont quatre dans la même chambre et deux par lit, alors supporter des inconnus, ça le met mal à l'aise.

Il n'en a pas pris ombrage. Il est placide et arrangeant, mais il ne faudrait pas qu'on pense qu'il va repartir souvent.

Contre toute attente, il repartira, mais n'en fera pas son métier. Il préférera toujours la terre qu'il ne veut pas quitter.

Passent les années et Gaëdig se voit de nouveau enceinte. Cette fois-ci, elle est fatiguée. D'une part, sa grossesse est difficile et d'autre part, elle a atteint les 40 ans. Un âge raisonnable pour ne plus avoir d'enfant. Surtout avec ceux qu'elle a perdus. Le 5 décembre 1857 naît Jeanne-Marie. Gaëdig a 41 ans et ce sera son dernier-né.

Son époux se tue à la tâche comme beaucoup de ses amis. Elle s'épuise quotidiennement pour tenir son ménage, ravauder, filer. Leur fils Guillaume travaille aux champs chez des cultivateurs de la région. En 1858, il a 14 ans et c'est toujours un bon gars. Gaëdig compte aussi beaucoup sur ses filles qui, même très jeunes, ont déjà des choses à faire, comme elle quand elle était toute petite.

Marie-Perrine, à 11, sait déjà filer et raccommoder. Elle aide Gaëdig à la cuisine et fait sa part de ménage avec Jeanne qui a 9 ans cette année. Ça soulage un peu leur maman. Celui que tout le monde surnomme Noël a 7 ans. C'est un frondeur. Lui, il veut parcourir les mers. Il n'est pas une journée sans qu'il ne joue au marin ! il n'a qu'une envie, c'est de découvrir des paysages inconnus, sentir les vagues lui fouetter le visage et le vent gonfler les voiles d'un navire. Il rêve aussi de bateau à vapeur. Que de choses il a à apprendre, ailleurs !

Elle a déjà entendu cette phrase tant de fois qu'elle ne peut que baisser les bras. Elle sait qu'il partira, celui-là. Il n'écoutera jamais sa mère.

L'hiver 1859, Anne-Guillemette rejoint son Charles. Elle quitte ce monde le 18 décembre à l'âge de 74 ans, après une vie bien remplie de bonté et de gentillesse.

Le 3 mai 1860, Charles, son demi-frère Charles meurt de ce qu'on appelle communément les fièvres. Il n'avait que 37 ans et laisse derrière lui 8 enfants et une jeune veuve de 29 ans qui ne se remariera jamais.

Cette fois-ci, Gaëdig est seule. Plus aucune famille avec qui partager joies ou peines. Même si elle ne les voyait pas souvent, Charles était ce qu'elle avait de plus proche en dehors de Guillaume et de leurs enfants.

Guillaume, leur fils part avec l'oncle Alexandre et son cousin François pour un contrat sur la Rance. Ils honorent un contrat entre Dinan et Saint-Malo pour le transport de pierres de taille et de bois de construction.

Les chantiers navals ont besoin de bois pour la construction et la réparation des caboteurs et des Chalands de Rance et aussi des morutiers.

Un Anglais a construit à Dinard, petit village de pêcheur à côté de Saint-Enogat, une villa Balnéaire. Le château Coppinger. Depuis, les villas se construisent à tour de bras. Les amis anglais de William Faber, un richissime Américain, séjournent principalement à Dinan ou à Avranches, en Normandie. Ils sont de plus en plus attirés par les paysages magnifiques, mais aussi par les bains de mer. Faber et, plus tard, sa veuve font construire de magnifiques demeures avec vue et accès sur la mer et les leur revendent.

Il y a du travail dans la construction et dans le transport.

Guillaume part donc vers la Rance. Bien qu'ayant à cœur d'honorer son contrat avec son oncle, il pense déjà à venir travailler comme ouvrier ou manœuvre dès qu'il le pourra.

Après quelques mois sur les canaux, il se fait embaucher dans une ferme près de Pleurtuit, où Alexandre connaît des fermiers. À la Boussarde, il travaille jusqu'à l'automne 1860, promettant de revenir dès que possible. Il est hébergé chez madame Joséphine Legobien, veuve de Pierre Louis Daniel, disparu en 1857. Elle a besoin d'aide, car elle ne s'en sort pas seule à la ferme.

Elle a 3 enfants. Joséphine, l'aînée qui a 8 ans, Pierre le deuxième, 7 ans et Guillaume, 5 ans. Ils sont tous actifs et, à la grande surprise de Guillaume, Joséphine et Pierre vont à l'école régulièrement. Leur mère aussi y est allée et comme elle était plutôt douée, elle a appris à lire, à écrire et à compter. Elle veut que ses enfants aient d'autres possibilités que la vie à la ferme ou la marine.

Revenant à Ploulec'h à la période creuse offerte par l'hiver, Guillaume raconte à ses parents ce qu'il fait à Pleurtuit, et surtout ce qui se passe du côté de la Rance.

Gaëdig et Guillaume sont heureux d'apprendre que leur fils aîné est parti loin et longtemps pour quelque chose d'intéressant. Ils pensent de plus en plus à cet endroit situé en Ille-et-Vilaine, loin de chez eux, mais qui offre tant de travail. Ils n'auraient plus à se tuer pour pas grand-chose. Gaëdig est de plus en plus persuadée que là-bas se trouve leur avenir.

Elle en parle à Alexandre, venu les voir en mai 1861.

— Dis-moi, mon frère, connais-tu Dinard et ses environs ?

— Bien sûr, répond-il. J'y fais commerce depuis quelques années déjà. C'était un petit village de pêcheurs il y a peu, mais ça s'agrandit vite. C'est devenu une jolie ville très prisée de nos nouveaux amis anglais. Pourquoi me demandes-tu ça, ma Gaëdig ?

— Eh bien, mon petit Guillaume nous a raconté de belles histoires sur cette région.

Il paraît qu'on peut y trouver du travail.

— C'est vrai. Mais notre sabotier n'a plus de besogne ?

— De moins en moins. Les sabots ne se vendent plus. Les bourgeois préfèrent les chaussures de cuir. Seuls les cultivateurs achètent des sabots. Mais les moins chers et les plus solides pour ne pas avoir à en changer trop souvent. Et moi, avec les enfants et le manque de commandes, je n'ai plus beaucoup d'ouvrage non plus.

— Je comprends, lui dit Alexandre. Et tu sais que Dinard est juste en face de Saint-Malo ? ajoute-t-il avec son petit sourire narquois.

Elle se souvient tout d'un coup de tout ce que son frère lui racontait quand elle était encore une enfant et quand il rentrait de ses longs et périlleux voyages.

— Oui ! je me souviens de toutes ces histoires que tu me racontais. Alors Dinard, c'est là-bas ? Si loin ?

— Non, ce n'est pas vraiment loin. Enfin, pour moi, après les Amériques et la Méditerranée, ça paraît proche.

Elle rêve de partir comme il le lui avait promis il y a si longtemps. Mais son frère n'a pas pu l'emmener. Trop de choses s'y sont opposées. Dans ses songes, quand elle a le temps de penser à autre chose qu'au quotidien, elle voit une ville immense. Mais elle ne l'imagine pas comme Lannion, non ! ça, c'est l'enfer sur terre pour elle.

Elle voit plutôt de jolies maisons qui regardent la mer. Une ville plus grande que Ploubezre et faisant face à Saint-Malo. Elle sent la foule sur la plage, comme le lui a raconté Alexandre.

Les Anglais sont des gens très étranges. Ils sont riches, ceux qui achètent ces immenses maisons, mais ils se trempent dans la mer. Ils enfilent des costumes de bain, dit-on, et barbotent dans les vagues.

Ils ne doivent pas avoir bien chaud ! – pense-t-elle – et Alexandre lui a aussi raconté qu'ils installaient des baignoires dans leurs maisons ; des espèces de grandes bassines qu'on remplit d'eau chaude et dans lesquelles on se lave tout nus, ou presque. Alors, pourquoi aller dans l'eau de mer qui dépose du sel qui démange tant sur la peau ?

Trêve de rêvasserie ! d'ailleurs, n'est-elle pas trop vieille pour rêver encore ? Non ! bien sûr que non. Gaëdig a des envies de changement. La vie est beaucoup trop dure ici.

Cette fois-ci, c'est elle qui parle à Guillaume de son envie d'essayer une vie ailleurs.

— Tu sais que ce sera encore plus difficile de quitter notre maison pour l'inconnu, lui dit-il.

Elle en est bien consciente, mais ne manque pas d'arguments.

— Guillaume nous a dit qu'à Dinard il y a beaucoup de travail. Alexandre me l'a confirmé. Les riches Anglais se sont entichés de cet ancien bourg de pêcheurs et font construire des villas immenses.

Il n'est pas contre, mais il veut attendre un peu. Il n'est pas du genre à prendre une décision sans qu'elle soit mûrement réfléchie.

À 17 ans, en mai 1861, petit Guillaume demande l'autorisation à ses parents de partir travailler à Pleurtuit. La fermière de La Boussarde est prête à l'accueillir. Gaëdig en a les larmes aux yeux. Elle ne veut pas laisser partir son fils. Mais en même temps, elle sait qu'elle ne pourra pas le garder toujours à la maison. Et ici, il n'y a pas d'avenir pour lui. Le père comprend mieux et donne son accord. Gaëdig et lui ont tellement souffert et tant bataillé lors de sa naissance et après qu'ils ne le voient pas s'éloigner sans un pincement au cœur.

Et puis ce n'est pas le bout du monde. Il reste sur terre et en Bretagne.

Fin mai, il part en promettant de revenir à la fin de l'année quand le travail de la ferme le lui permettra. Alexandre connaît bien la propriétaire et se porte garant de sa gentillesse et de son honnêteté. Cela rassure Gaëdig.

La vie sans son fils Guillaume lui paraît toujours terne. Elle aime tous les autres, mais lui, le fruit de ses amours défendues, a toujours eu une place à part dans son cœur. Il lui en a coûté de le garder près d'elle, mais elle n'aurait pas pu vivre en le sachant ailleurs, chez d'autres gens, ou pire !

Il reste 4 enfants à la maison. Marie-Perrine, 14 ans, s'est engagée comme bonne chez des bourgeois de Ploubezre. Elle ne vient voir ses parents que le dimanche après la messe, reste pour le repas du midi et repart le soir chez ses patrons. Elle est jolie, comme sa maman et aussi sérieuse. Madame (sa patronne) ne tolérerait pas de dévergondée sous son toit. Et monsieur n'est jamais là. Ils n'ont pas d'enfant, mais reçoivent beaucoup. La maison est grande et il y a du travail.

Jeanne-Françoise aide Gaëdig à la maison et ravaude un peu. Elle s'occupe des plus petits, Yves-Marie, 10 ans – un véritable petit diable, qui rêve toujours de partir sur les océans – Joseph-Marie 7 ans, plus calme et indolent, et la petite Jeanne-Marie 4 ans. Celle-là n'est pas très forte. Elle est toujours malade. Aux premiers frimas, elle s'enrhume et tousse. Au printemps, elle pleure dès que le pollen vole trop près de son nez toujours rouge.

Gaëdig souffle un peu. Enfin, tout est relatif ! elle aide Guillaume aux champs quand il se loue pour les gros travaux et vend toujours les sabots sur le marché, ainsi que ses jolis fils aux toiliers.

Fière et courageuse Gaëdig qui ne rechignera jamais à travailler et à se démener pour maintenir sa famille à flot.

Les années 1864 et 65 voient aussi déferler sur eux des épidémies qui atteignent les enfants comme les adultes.

Leur petite Jeanne-Marie s'éteint le 3 juillet 1864. Elle n'avait pas 7 ans, mais une simple grippe a eu raison d'elle. Gaëdig a déjà perdu

5 enfants et 5 sont encore vivants. Elle essaie de prier (elle qui ne le fait pas souvent) pour ne plus assister à cette abomination.

Après ce triste évènement, Guillaume se décide. Il faut qu'ils gagnent plus d'argent pour loger et nourrir sa famille décemment. Ils ne peuvent plus vivoter de la sorte, et à l'instar de nombre de leurs congénères, ils doivent partir.

Mais avant ça, un évènement d'une grande importance va chambouler la vie de Gaëdig, Guillaume et leur fils Guillaume-Jean.

En décembre 1864, Guillaume doit se faire recenser pour l'armée. Il a eu 20 ans en mai et doit aller à l'état civil pour s'inscrire. Il se rend en tout début de mois à la mairie de Ploubezre avec ses documents de naissance. N'étant pas né dans cette commune, il devra présenter son acte de naissance.

Monsieur Jean-Marie Derrien, maire et officier de l'état civil, l'accueille avec le sourire.

— Tu viens te faire recenser, mon gars ? lui dit-il gentiment

— Oui, monsieur le Maire, lui répond-il

— Bien, bien. Il faut des soldats pour protéger notre patrie ! tu sais comment ça se passe ?

Un peu surpris, Guillaume lui répond timidement :

— Comment se passe quoi ?

— Le tirage au sort, pardi !

— Euh, non, monsieur le Maire,

— Alors je t'explique : je t'inscris sur la liste des incorporables. C'est la liste de ceux qui ont 20 ans cette année. En janvier ou en février, tu seras convoqué en même temps que tous les jeunes de ton âge et tu tireras au sort un numéro.

— Si ton numéro est bas, tu es certainement bon pour le service de 5 ans. Si tu tires le « bon numéro », tu es exempté.

— D'accord, répond Guillaume.

— Si tu connais quelqu'un qui veut prendre ta place en le payant tu en as le droit.

Mais ça coûte cher…

— Je ne sais pas, monsieur le Maire.

— On verra bien le moment venu. Donne-moi tes papiers. Tu t'appelles comment ?

— Le Bescond Guillaume Jean.

Dépliant le document, M. Derrien paraît surpris :

— Ce n'est pas ce qui est écrit là ! comment se nomme ta mère ?

— Le Dret Marguerite.

— C'est bien ça ! tu connais ta date de naissance ?

— Oui. Le 9 mai 1844 à Saint-Michel-en-Grève

Mr Le Maire l'observe un instant.

— Tu vis chez ta mère ?

— Eh oui, monsieur. Chez ma mère et mon père, Guillaume Le Bescond, quand je ne travaille pas à La Boussarde, à Pleurtuit.

Mr Derrien est bien obligé de lui dire ce qu'il lit :

— Alors ton véritable nom est Guillaume Jean Le Dret dit Kerloc'h. Tu sais lire et écrire ?

Interdit, Guillaume ne sait quoi répondre. Il ne comprend pas. Son père s'appelle bien Le Bescond, pas Le Dret dit quelque chose…

— Non, monsieur, je ne sais pas lire.

— Tu verras ça avec ta mère, mais à mon avis il y a une explication simple.

Il l'inscrit donc sur la liste sous son nom de naissance.

De retour chez ses parents, il est toujours sous le choc. Gaëdig le voyant ainsi lui demande, inquiète :

— Mon Guillaume, qu'y a-t-il ? qu'as-tu ?

Il hésite à répondre. Prenant son courage à deux mains, il se lance :

— Maman, pourquoi est-ce que je ne m'appelle pas Le Bescond ?

Gaëdig est abasourdie. Qui le lui a dit ? Pourquoi ? elle s'assied et prenant une profonde inspiration lui demande :

— Pourquoi me poses-tu cette question ?

— Parce qu'au bureau de recensement militaire, Mr Le Maire a lu mon acte de naissance et m'a dit que je ne m'appelais pas Le Bescond.

Gaëdig comprend qu'elle a commis une grave erreur. Elle aurait dû le lui dire plus tôt. Ne sachant pas lire, elle ne s'est jamais inquiétée de ce qui était écrit sur l'acte de naissance de son fils. Elle ne l'a jamais lu. Même si elle savait depuis Lannion que Guillaume était son fils naturel et plus celui de Kerloc'h. Que faire maintenant ?

Elle décide d'attendre le retour de son époux :

— On va attendre ton père et on t'expliquera tout. Mais fais-nous confiance, mon Guillaume.

Il fait confiance à ses parents. Il attendra ce soir.

Quand Guillaume rentre le soir, Gaëdig, un peu anxieuse, lui demande de s'asseoir.

Elle a quelque chose à lui dire :

— Notre fils Guillaume est allé ce matin se présenter au recensement pour le service militaire. Il a dû montrer son acte de naissance.

Guillaume comprend d'un coup :

— Il a découvert son véritable nom ?

— Oui, souffle Gaëdig. Et il m'a demandé des explications. Je t'attendais pour qu'on lui raconte tout, ensemble.

— D'accord, dit-il.

Ils ont toujours fait front ensemble. Les bons et les mauvais moments, ils les ont vécus tous les deux, depuis toujours.

Guillaume appelle son fils qui casse des bûches dans la cour.

Ils s'installent tous les trois devant la cheminée.

Gaëdig commence à lui raconter. Elle détaille son premier mariage avec un grossier personnage qui l'a laissée si souvent seule pour courir les mers et les bordels dans chaque port où il faisait escale. Elle raconte ses deux enfants mort-nés, ou presque. Et puis sa solitude et sa rencontre avec Guillaume. Elle lui dit à mots couverts qu'ils se sont aimés et qu'ils ont essayé de cacher l'adultère ; elle lui raconta comment elle a décidé de ne jamais abandonner son fils et comment elle apprit que son mari était mort assassiné aux Amériques dans un bordel de Savannah. Son remariage avec le bon Guillaume. Le tribunal de Lannion saisi par la famille de feu son mari. Le changement d'état civil qui fit de lui son fils naturel. Les méchantes rumeurs colportées par ses deux sœurs. Et la vie qui a continué sans qu'ils se posent de questions.

— Guillaume est ton père. Il t'a conçu, élevé et aimé comme les autres.

Guillaume comprend. Il comprend ce que sa mère a fait pour lui ; la force qu'il lui a fallu pour tenir tête aux bigotes et aux gens « bien ». Car il a beau être renfermé et un peu secret, il les connaît toutes ces langues de vipères qui font et défont les renommées dans un petit village.

Les deux parents se taisent et le regardent, anxieux.

— Ne vous inquiétez pas. Papa, maman, merci de ce que vous avez fait pour moi. Ils sont rassurés. Gaëdig enlace son grand gars et fond en larmes. Elle ne pensait pas le lui dire un jour, mais c'est fait. Voilà !

Quand il repart pour Pleurtuit, c'est un autre homme. Il a compris que son histoire n'est pas si banale. Et surtout, il a découvert que sa mère, si petite et si frêle, s'est courageusement battue pour lui. Elle a risqué un quasi-bannissement. Elle a réussi non seulement à le garder près d'elle, mais aussi à préserver son semblant de famille de la honte.

Il espère être toujours digne d'elle.

En janvier 1865, il retourne à Dinard pour le tirage au sort. Il tire le numéro 62. Il ne sait pas ce que cela veut dire. Au conseil de révision devant lequel ils doivent tous passer, on étudie plus ou moins leurs cas. Les trop petits, les malades ou les chargés de famille sont écartés d'emblée. Restent les bien portants comme lui. La chance lui sourit enfin. Les 25 conscrits demandés sont déjà désignés avant le numéro 55. Il ne partira pas. Il restera néanmoins réserviste.

Il rentre tout content chez ses parents. Gaëdig l'attend avec impatience depuis qu'il a quitté la maison ce matin. Elle retient son souffle et l'interroge du regard.

— J'ai tiré le bon numéro, maman. Je ne pars pas. Du moins tant qu'on ne m'appelle pas pour une cause ou une autre.

Elle est soulagée. Encore une fois, son garçon ne s'éloigne pas d'elle.

Il repart néanmoins pour Pleurtuit. Il partage son temps entre les travaux des champs à La Boussarde et un emploi de manœuvre sur un chantier naval à La Richardais. Ce n'est qu'à une bonne demi-heure de marche et il gagne plus d'argent.

Là, il rencontre quelquefois l'Oncle Alexandre quand il vient faire faire des réparations sur un de ses Chalands de Rance. Toujours content de le voir, il s'ouvre à lui un jour pendant la pause casse-croûte.

— Quand je suis allé me faire recenser, on m'a appris mon véritable nom et mes parents m'ont tout raconté. Ça a été un choc, mais j'ai compris combien ils ont été forts à ce moment-là ! surtout maman. Elle a bravé tout le monde pour me garder.

Le regard d'Alexandre se perd dans son passé. Il regarde son neveu :

— J'ai présenté ta mère à son premier époux, Yves Guénolé Kerloc'h. Je lui ai présenté son malheur. Il n'était pas fait pour elle. Un homme de plus de 30 ans et une jeune fille de 19 ans… mais Guillaume est bien ton père. On t'a baptisé Guillaume-Jean Le Bescond, comme ton grand-père. Un brave homme au grand cœur qui les a bien aidés.

Tout ça, c'est du passé. Tu portes fièrement le nom de ta mère. Tu es un Le Dret, même si la justice t'a affublé d'un « dit Kerloc'h ». Tes descendants s'appelleront Le Dret. Mais c'est le sang de Guillaume Le Bescond qui coule dans tes veines.

Il est fier du combat livré par Gaëdig et Guillaume. Ses parents.

En juin de cette année, la deuxième sœur de Gaëdig s'est mariée, dit-on. Pas invitée non plus, elle l'a appris tard. Et puis la noce a eu lieu à Lannion, ville honnie par-dessus tout ! c'est son frère qui le lui a dit. Et ils se sont bien vengés en paroles, ces deux-là ; même si ce n'est pas charitable. Après tout, les deux sœurs ont tout fait pour que Gaëdig s'éloigne de sa famille.

— Elle s'est mariée à son patron. Un Maître cordonnier de Lannion, lui raconte Alexandre.

— Et ?

— Eh bien, il n'a plus besoin de la payer comme domestique, déjà !

Gaëdig a l'impression de retourner dans son enfance. Quand son grand frère lui racontait des histoires par petits bouts pour la faire enrager et la tenir en haleine.

— Tu te souviens de son âge, à la Julie ? reprend-il.

— Elle doit avoir à peu près 35 ans, non ?

— 37 pour être précis.

— Oui, et alors ?

— Eh bien, elle a épousé un monsieur Guyon Lhelicoq.

— Vrai ? C'est son nom ? Je n'en connais aucun par chez nous.

— Et il a fêté ses 70 ans, le brave homme !

Ils se regardent un instant et éclatent de rire.

— Et bien vrai ! dit Gaëdig. Avec sa jambe folle et son vieux mari, sa descendance n'est pas assurée ! elle y aura mis du temps à trouver un parti. Et quel parti ! elle pouvait me montrer du doigt, avec Anne. Elle a fait quoi de sa vie ? Elle est devenue domestique et a épousé son vieux patron. Quelle gloire !

— Et il n'a pas besoin de descendance, il est déjà veuf deux fois et père plus qu'il ne faut. Et comme ça, il fait l'économie d'une bonne !

Ils rient de plus belle tous les deux. Il faudra qu'elle raconte ça à son époux ce soir.

Fin 1866, Guillaume vend l'héritage de son père ; l'atelier et la petite maison. Il n'en tirera pas énormément, mais suffisamment pour ne pas arriver les mains vides sur leur nouvelle terre d'accueil, puisqu'ils ont décidé de tenter leur chance à Saint-Enogat.

Comme par le passé, il part seul devant, vers Dinard cette fois. Alexandre l'aidera dans ses recherches. Il abandonnera peu à peu son métier de sabotier pour cultiver la terre qu'il achète. Et surtout, il acquiert une terre boisée. Et il pourra vendre son bois coupé aux chantiers de construction.

Ils se rapprochent de Guillaume, aussi. Leurs cinq enfants les suivent, y compris Marie-Perrine qui ne veut pas rester seule à Ploubezre et trouvera bien du travail à Dinard.

À l'automne 1866, tous s'installent à Saint-Enogat où ils louent une maison. L'argent de Guillaume, ajouté au petit pécule de Gaëdig, a servi à acheter plus de terres, mais pas de logis.

Guillaume-Jean a 22 ans. Il travaille toujours courageusement. Il ne voit ses parents que de temps en temps quand il se rend à Dinard.

Son jeune frère de 13 ans, Joseph, vient de s'embarquer comme mousse.

Alexandre lui a tellement raconté d'histoires fabuleuses qu'il en avait les yeux brillants rien que d'apercevoir une voile. Yves-Marie aussi est parti. À 15 ans, il navigue déjà. Mais comme il est prometteur, l'instituteur de Ploubezre lui a conseillé de continuer à étudier, ce qu'il fera entre deux embarquements. Jeanne-Françoise, 17 ans, est engagée comme domestique chez des Anglais de Dinard. Elle travaille dans une belle maison du bord de mer chez des gens un peu excentriques, mais gentils, qui la laissent passer le dimanche après-midi chez Guillaume et Gaëdig. Marie-Perrine, 19 ans, travaille chez des agriculteurs, près de Saint-Enogat. Elle rentre chez ses parents tous les soirs.

À La Richardais, Guillaume admire les bateaux, mais il n'envie pas tous ces marins qui ne pensent qu'à partir.

Lui, les mâts ne le font pas rêver. Il monte dedans quand il faut aider à fixer une pièce. Il est agile et costaud. Il fait comme tant d'autres cultivateurs ou laboureurs. Il grimpe. Il a appris, il y a peu, qu'on les surnomme les « singes » et que la vallée de la Rance dans laquelle ils évoluent est appelée « la vallée des Singes » de façon un peu péjorative. Les marins qui embarquent se moquent des « culs-terreux » qui restent à terre.

Et il n'a plus du tout envie de partir, Guillaume, chez madame Legobien, Joséphine a 15 ans en 1866 et c'est une très jolie jeune fille qui sait lire et écrire, qui sait aussi tenir une maison et travailler aux champs avec ses parents. Il est amoureux, mais elle est très jeune.

Gaëdig de son côté travaille de plus en plus aux champs avec son époux. Ils embauchent même quelques ouvriers pour aider à l'abattage des arbres qui partent à la scierie pour alimenter les chantiers navals ou la construction des villas et des établissements de bains.

Elle est toujours perplexe devant ces grands hôtels qui attirent tant d'anglais. D'ailleurs, avant d'arriver ici, elle n'en avait jamais vu, des Anglais. Ils sont comme eux en fait, mais ils ne parlent pas la même langue. Au marché, quand une de ces dames s'essaie au français, les gens du cru ont du mal à les comprendre, ou bien font-ils semblant pour se payer leur poire !

Ils sont un peu bruyants, comme le sont les étrangers qui parlent entre eux, pensant que parce qu'on ne les comprend pas on ne les entend pas.

Quand elle va au marché, quand il fait beau, Gaëdig passe par la plage pour regarder ces dames et ces messieurs se tremper dans l'eau. C'est une véritable attraction pour les Bretons du cru, mais elle a froid pour eux ! et puis ces costumes !

Ils s'habillent comme à la ville, mais ce sont des habits faits exprès pour rentrer dans l'eau. Le ridicule ne tue pas, pense-t-elle.

Un jour, une riche Anglaise et toute sa troupe d'amis mondains décident de prendre un bain ! ils se retrouvent tous attifés comme en plein hiver. Gaëdig les observe d'un air ébahi et un peu moqueur.

Les dames portent des robes en laine ou en coton bien épais qui les couvrent des mollets au cou, par-dessus des pantalons bouffants qui partent de la cheville, des chaussures en toiles et des chapeaux de paille. Ces messieurs ne sont pas en reste et, pour le ridicule, ils se posent là. Ils arborent des culottes qui laissent entrevoir leurs chevilles poilues pâlichonnes, des petites chaussures comme celles des femmes, des vestes qui devraient ressembler à des vareuses de marin, mais qui n'en ont que l'aspect, et de loin.

Certains inventent des modes qui amusent bien les gens du coin et sortent des cabines en bois installées sur la plage de l'Écluse en caleçons et maillots de corps. Cela donne une espèce de combinaison qui laisse les bras et le bas des jambes nus. Tout ça dans un tissu à rayures rouge et blanc.

La première fois que Gaëdig voit de près un de ces énergumènes, elle en rougit de honte et en laisse tomber son panier de rubans. Le tissu mouillé, à la sortie de l'eau qui pendouille à l'entrejambe, laisse deviner l'anatomie du monsieur, et ça n'a rien de bien gracieux.

Un jour, des femmes de la haute société, installées pour la saison d'été dans un des hôtels qui commencent à pousser sur les bords de mer, se précipitent dans l'eau en jouant et en gloussant comme des enfants. L'une d'entre elles, plus téméraire que les autres (ou plus éméchée) s'étant éloignée du rivage, se trouve aspirée par une vague plus forte. Sa tenue, qui doit peser des dizaines de kilos une fois mouillée, l'entraîne vers le fond. Et bien sûr, personne ne sait nager !

Un homme se porte à son secours et manque de couler également.

Il parvient toutefois à la ramener sur le sable où on la ranime avec force claques sur les mains et sur les joues.

Lorsqu'elle revient à elle, l'Anglaise s'exclame en français à son sauveur et aux badauds qui se massent autour d'elle :

— Mais, elle est salée !

Dame ! elle n'avait jamais mis les pieds au bord de la mer ? Peut-être, après tout, qu'elle venait aussi de Paris !

Les commères se tordent de rire. L'eau de mer est salée ! mais d'où sortent donc ces gens ? Peu importe, ils sont riches et insouciants et donnent du travail à toute la région.

En 1867, son père ayant besoin de lui pour l'aider à l'abattage des arbres, Guillaume retourne à Saint-Enogat. Il découvre une ville en chantier. Dinard devient plus importante que Saint-Enogat. On y construit des rues pour faciliter l'accès aux plages et aux résidences secondaires. On parle même d'y faire venir le chemin de fer. Il s'installe de nouveau chez ses parents et travaille comme manœuvre pour son père. Comme à La Richardais. Il fera plusieurs fois le trajet dans les années à venir pour y travailler et aussi à La Boussarde, où Joséphine Legobien lui fait confiance et apprécie son travail.

Et lui pense de plus en plus à la jeune Joséphine qui va sur ses 16 ans. Elle est dévouée à sa mère et aide à l'éducation de ses petits frères. Ils ont besoin d'elle à la ferme, et lui ne sait pas encore s'il veut rester à Pleurtuit ou à Dinard. Et puis elle ne sera majeure qu'en 1872. À 21 ans, elle pourra se marier. Lui pourrait convoler dès 1869, à 25 ans, mais il n'en a pas encore l'intention.

Gaëdig et Guillaume sont bien installés dans leur nouvelle vie. Ils travaillent certes beaucoup, mais sont à l'abri du besoin comme on dit.

La guerre contre la Prusse déclarée en juillet 1870 se termine rapidement en janvier 1871. Guillaume a bien été rappelé en réserve à Lannion, mais n'a pas été mobilisé dans l'Est. Ce sera la fin du règne Bonaparte.

Les Anglais construisent leur propre église à Dinard. Gaëdig se demande bien pourquoi. Leurs jolies chapelles bretonnes ne sont-elles pas assez jolies ou assez riches pour eux ? Ou bien, comme il se dit, ils n'ont pas la même religion ? Grand bien leur fasse ! la religion ne l'a jamais aidée et a même failli ruiner sa vie avec ses principes rigides qui empêchent les femmes de choisir leur vie. Comme si la loi des hommes n'y suffisait pas.

Gaëdig se fait du souci pour son dernier fils, Joseph. Il est parti comme mousse depuis plus d'un an et ne donne plus signe de vie. À sa demande, Alexandre s'est renseigné un peu partout auprès de ses connaissances. Il n'est pas porté disparu aux dernières nouvelles. Intrépide comme il l'est, il a dû accepter un embarquement sans même demander l'autorisation de ses parents ou il est resté à l'étranger.

Ils ne le reverront qu'en 1873, lors d'une courte escale à Saint-Malo. Comme il ne veut pas faire son service militaire, il ne se présentera pas au recensement en 1874, et sera déclaré officiellement insoumis sur les registres, le 4 mai 1875.

Il ne rentrera plus jamais en France.

En 1872, Guillaume demande la main de Joséphine après avoir reçu l'autorisation de ses parents de convoler.

Madame Legobien est ravie et accepte la demande.

Guillaume-Jean Le Dret, dit Kerloc'h, 28 ans, épouse Joséphine Augustine Daniel, 20 ans, le 12 septembre 1872, à Pleurtuit. Joséphine est enceinte de quatre mois. Ils ont pris un peu d'avance sur la vie, mais sont tellement heureux et amoureux que personne n'y trouve à redire. C'est une occasion pour Gaëdig de danser de nouveau. Elle est heureuse et danse au son des binious et des vielles. Il y a même un violon. Ça fait tellement longtemps qu'elle ne s'est pas amusée ainsi.

Leur premier enfant, Marie-Joséphine, naît le 7 mars 1873. Elle sera suivie de 7 autres enfants, portant tous le nom de Le Dret.

Puisqu'il n'a pas eu le droit de porter le nom de Yves Guénolé Kerloc'h, Guillaume refuse de leur transmettre ce patronyme complet, qui lui a été attribué par un tribunal et préfère garder le nom de sa mère dont il est si fier.

Le 16 juillet 1874, Marie-Perrine, la fille aînée de Gaëdig et Guillaume, se marie à Saint-Enogat avec un cultivateur – Vincent le Druillenec – puis vient le tour de sa jeune sœur, Jeanne-Françoise, qui épouse aussi un cultivateur à Saint-Enogat, Yves Le Vachez, le 15 octobre. Un des moments les plus redoutés par Gaëdig arrive le 12 mai 1876. Un garçon de ferme arrive chez elle en tout début de matinée. Il a une bien triste nouvelle à lui annoncer : Alexandre, son frère chéri est au plus mal. Il ne passera pas la semaine.

Elle reste sans voix. Lui revient d'un seul coup en mémoire tout ce qu'ils ont vécu ensemble. Son frère, sa raison de vivre quand elle était enfant, son soutien, va mourir. C'est injuste. Elle part immédiatement chercher Guillaume. Il est aux champs. Quand il la voit courir vers lui, il sait qu'un malheur vient d'arriver. Elle lui explique entre deux sanglots que son Alexandre vit ses derniers instants.

Elle a déjà pris sa décision : il ira voir son frère, quoi qu'il arrive.

Guillaume l'accompagnera en voiture à cheval. Ils mettront la journée à parvenir à Ploulec'h. Le grand Alexandre est étendu dans son lit, pâle et usé par les voyages en mer et sur les canaux. Il a perdu son fils, François, il y a 6 ans, dans un accident. Il n'a plus jamais été le même.

Gaëdig s'assied à côté de lui. Son épouse lui cède la place, respectant sa douleur.

Elle lui parle et il ouvre les yeux. Un sourire se dessine sur ses lèvres et Gaëdig croit y déceler le petit air narquois qu'il prenait pour lui raconter ses histoires.

— Je pars pour un autre voyage, petite Marguerite. Qui sait, peut-être y a-t-il là-bas des Indiens tout nus… lui dit-il dans un souffle.

Il ferme les yeux et s'endort, comme apaisé de l'avoir revue une dernière fois.

Il décède le 14 mai 1876. Gaëdig à ses côtés.

Gaëdig vieillit doucement près de son Guillaume, quelques fois perdue dans ses rêves. Elle attache toujours ses longs cheveux noirs striés de fils blancs en un petit chignon tressé. Elle a gardé la taille fine et le port altier.

Son fils aîné est resté à La Boussarde, près de Pleurtuit où il travaille à la ferme de sa belle-mère. Il lui rend visite de temps en temps avec Joséphine et les enfants.

En 1875 est né Joseph, puis Joséphine Augustine en 1876, Célestine en 1879, Virginie en 1881, Guillaume-Auguste en 1884, Rosalie-Augustine en 1887 et, enfin, Pierre-Marie en 1890.

Elle sera une grand-mère tendre et attentionnée. Le dernier petit-enfant qu'elle bercera et à qui elle racontera (même s'il est bien trop jeune pour comprendre) des histoires de bateaux qui font la course, de gens qui vivent nus aux Indes et de villes plus grandes que Saint-Malo, sera Guillaume Auguste, né le 7 juillet 1884. Il donnera naissance à Eugène Guy le 7 janvier 1914 à Saint-Briac. Ce fils sera mon grand-père. Un homme bon et droit, digne descendant de Gaëdig.

La petite Marguerite de Trédrez rejoint ses aïeux le 6 mai 1886, à l'âge de 69 ans.

Les sabots sculptés que Guillaume lui avait offerts lors de leur première vraie rencontre l'accompagneront.

Malgré les coups durs, contre vents et marées, elle a su tenir tête à ceux qui n'avaient pas compris que l'amour est plus fort que les principes. Elle a aimé son Guillaume, elle a aimé son fils aîné au point de braver tous les codes de son époque.

Guillaume Le Bescond la suivra le 8 mars 1889. Lui aussi a fait fi des conventions et des principes. Par amour pour Gaëdig, il a combattu à ses côtés les mauvaises langues et les commérages. Il a toujours présenté Guillaume comme son fils, un Le Bescond.

Ils ne connaîtront pas la douleur de perdre ce fils.

Le 20 octobre 1891 s'éteint Guillaume-Jean Le Dret dit Kerloc'h de la vallée des Singes ! Ce nom longtemps, resté une légende dans la famille, a enfin révélé son histoire.

Imprimé en Allemagne
Achevé d'imprimer en octobre 2022
Dépôt légal : octobre 2022

Pour

Le Lys Bleu Éditions
40, rue du Louvre
75001 Paris

www.ingramcontent.com/pod-product-compliance
Lightning Source LLC
La Vergne TN
LVHW010554160826
845677LV00013B/3126

* 9 7 9 1 0 3 7 7 7 5 4 3 6 *